마을에서 살려낸 우리말

동무들과 즐겁게 사귀면서 나누는 말 한마디
마을에서 살려낸 우리말

제1판 제1쇄 발행일 2017년 7월 12일
제1판 제4쇄 발행일 2019년 8월 7일

글 _ 최종규
그림_ 강우근
기획 및 편집 _ 숲노래, 책도둑(박정훈, 박정식, 김민호)
디자인 _ 토가 김선태
펴낸이 _ 김은지
펴낸곳 _ 철수와영희
등록번호 _ 제319-2005-42호
주소 _ 서울 마포구 월드컵로 65, 302호(망원동, 양경회관)
전화 _ (02)332-0815
팩스 _ (02)6091-0815
전자우편 _ chulsu815@hanmail.net

ⓒ 최종규·강우근 2017

* 이 책에 실린 내용 일부나 전부를 다른 곳에 쓰려면 반드시 저작권자와
  철수와영희 모두한테서 동의를 받아야 합니다.
* 잘못된 책은 출판사나 처음 산 곳에서 바꾸어 줍니다.

ISBN 979-11-88215-02-7 73800

철수와영희 출판사는 '어린이' 철수와 영희, '어른' 철수와 영희에게
도움 되는 책을 펴내기 위해 노력하고 있습니다.

어린이제품 안전특별법에 의한 기타 표시사항

제품명 도서 | **제조자명** 철수와영희 | **제조국명** 한국 | **전화번호** (02)332-0815 | **제조연월** 2019년 8월 | **사용연령** 10세 이상
주소 04018 서울시 마포구 월드컵로 65, 302호(망원동, 양경회관)
주의사항 종이에 베이거나 긁히지 않도록 조심하세요. 책 모서리가 날카로우니 던지거나 떨어뜨리지 마세요.

동무들과 즐겁게 사귀면서
나누는 말 한마디

마을에서 살려낸 우리말

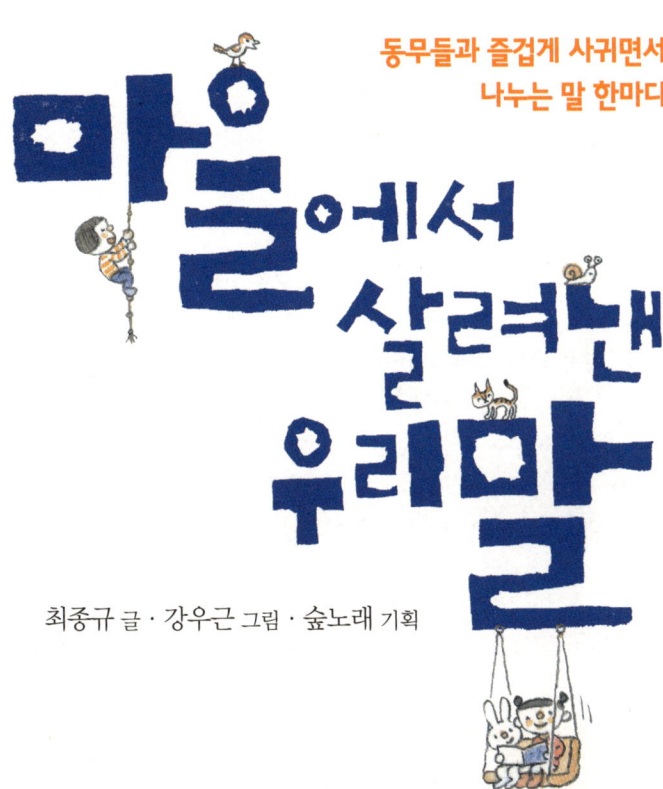

최종규 글 · 강우근 그림 · 숲노래 기획

철수와영희

차례

이야기를 여는 말 : 슬기롭고 즐겁게 쓰는 우리말 _ 6

1. 마을에서 노래하는 말 _ 11
   골목꽃 · 골목놀이 · 마실 · 마을돈 · 마을신문 · 어귀

2. 집이 모여 이웃이 손잡는 말 _ 18
   동무집 · 두레 · 모둠집 · 석 간 · 숲집 · 쪽마루 · 하늘바라기집

3. 가게에서 사이좋게 나누는 말 _ 25
   길장사 · 닷새마당 · 에누리 · 우수리 · 이웃가게 · 저자 · 흥정

4. 잔치로 환하게 어우러지는 말 _ 32
   겨울잔치 · 곰국 · 국 · 누리잔치 · 예순잔치 · 잔칫밥 · 큰잔치

5. 모임을 이루어 넉넉한 말 _ 38
   갈무리 · 노래모임 · 동아리 · 두레누리 · 사랑모임 · 어깨나라

6. 배움님이 되어 나누는 따뜻한 말 _ 44
   글쓰기 · 또래 · 배움동무 · 배움바라지 · 배움책

7. 쉬다 보니 기운이 샘솟는 말 _ 50
   겨를 · 깁다 · 느린밥 · 느린배움 · 말미 · 버스터 · 쉬는차

8. 책으로 이야기꽃 피우는 말 _ 56
   삶말 · 숲책 · 오늘이야기 · 책손질 · 책쓰기 · 책찻집

9. 누리마다 고이 퍼지는 말 _ 63
   골 · 별내 · 사랑누리 · 온둥이 · 울 · 잘 · 즈믄 · 한가람 · 해누리

10. 그림으로 날아오르는 말 _ 70
    권정생 집 · 그림터 · 동화나라 · 부산책누리 · 살림그림 · 한글집

11. 이음고리가 되어 살가운 말 _ 77
    누리그물 · 누리글 · 누리날개 · 누리놀이 · 누리님 · 셈틀 · 열린터 · 풀그림

12. 탈것을 누리며 마실하는 말 _ 83
    널방아 · 부름차 · 쇠돈 · 아기수레 · 왼돌이 · 이음목 · 타는곳 · 하늘길

13. 이름마다 서린 그윽한 말 _ 90
    만들다 · 빚다 · 손질 · 짓다 · 일컫다

14. 믿음을 보듬는 말 _ 97
    넋 · 부뚜막할매 · 비손 · 서낭 · 신 · 얼 · 지킴이 · 한울

15. 사랑으로 살뜰히 쓰다듬는 말 _ 104
    그리다 · 다짐글 · 반하다 · 사랑 · 좋다 · 한사랑 · 홀리다

16. 살림을 알차게 건사하는 말 _ 110
    나라살림 · 반짇고리 · 살림꽃 · 세간 · 옷밥집 · 장이 · 쟁이 · 즐김이

17. 텃밭에서 꿈꾸는 말 _ 116
    그릇밭 · 나눔밥 · 마음밭 · 봄걷이 · 터 · 텃새 · 한마당

18. 길을 거닐며 떠올리는 말 _ 122
    거님길 · 길바늘 · 길벗 · 길손집 · 느린걸음 · 징검돌

19. 어른으로 자라는 옹근 말 _ 128
    다소곳하다 · 셈 · 약돌이 · 애늙은이 · 오롯하다 · 옹글다 · 철 · 철모름쟁이

20. 책상맡에서 생각에 잠기는 말 _ 134
    걸음쇠 · 네글벗 · 모둠상 · 앉은뱅이책상 · 연필주머니 · 책상물림 · 책시렁

21. 놀이터에서 뛰어오르는 말 _ 141
    공놀이터 · 깍두기 · 깨끔발 · 소꿉 · 손바닥놀이터 · 추임새

22. 건널목에서 기다리는 말 _ 147
    두찻길 · 빗물닦이 · 빠른길 · 어린이길 · 오솔길 · 지름길 · 차둠터

23. 힘이 나는 놀라운 말 _ 153
    바람힘 · 별빛 · 손놀림 · 손힘 · 전기힘 · 햇볕힘

24. 곳마다 꽃으로 거듭나는 말 _ 159
    곳곳 · 새로짓기 · 숲정이 · 자투리땅 · 질그릇 · 처네 · 하늘숨

이야기를 마무르는 말 : 이야기꽃을 피우며 꿈꾸자 _ 166

붙임말 1 : 책에 나온 낱말 뜻 헤아려 보기 _ 168

붙임말 2 : 인터넷에서 쓰는 말 손질해 보기 _ 201

이야기를 여는 말

슬기롭고
즐겁게 쓰는
우리말

우리가 쓰는 모든 말에는 사람들이 품은 뜻이 있어요. 이 뜻에는 여러 가지가 있는데. 하나는 말뜻이고, 다른 하나는 느낌이며, 또 다른 하나는 생각입니다.

우리는 말을 하면서 '말뜻'과 '느낌', '생각'을 주고받아요. 말뜻을 주고받는 일이란 너나 내가 한 말을 서로 알아듣는 테두리입니다. 다음으로 '느낌'을 주고받을 적에는 어떤 일을 놓고서 어떻게 느끼느냐 하는 테두리인데, 좋으냐 싫으냐 반갑냐 서운하냐 모자라냐 넉넉하냐 하고 느끼는 결을 살피지요. '생각'을 주고받을 적에는 스스로 무엇을 하려 하는가로 나아가는 테두리입니다.

그런데 우리는 말뜻 한 가지만 바라보며 그칠 수 있어요. 이때에는 시험공부나 학습 능력을 따지지요. 이른바 시사 상식이나 지식이 되어요. 말뜻을 넘어 '느낌'을 살펴야 나를 둘러싼 이웃이나 동무를 바라보는 자리가 돼요. 여기에서 '생각'으로 한 걸음을 더 내디디면 '스스로 짓는 하루'를 어떻게 바라보아서 손수 움직이느냐 하는 자리가 되어요.

우리는 말 한마디를 들려주거나 내놓으면서 삶을 북돋우거나 사랑을 꽃피우거나 꿈을 이룰 수 있습니다. '말뜻·느낌·생각'을 거쳐서 '이야기'가 되는 삶이나 사랑이나 꿈으로 거듭나려는 새로운 숨결이 될 적에, 내가 나를 살려내는 길을 찾을 수 있어요.

『마을에서 살려낸 우리말』이라는 책은 어린이 여러분이 스스로 말삶(말에 담는 삶·사랑·꿈을 짓는 슬기)을 가꾸는 길동무가 되려고 합니다. 먼저 말뜻을 읽고, 다음으로 느낌을 돌아보며, 이 다음으로 생각을 키우다가 바야흐로 말삶을 가꾸는 기쁨을 스스로 얻기를 바라요.

한국말사전에 '손전화·집전화'라는 낱말은 없어요. 그렇지만 새로운 문화나 문명이 생기면서 '전화'라는 물건을 놓고 "들고 다니는 전화" 하고 "집에 두고 쓰는 전화"를 갈라야겠다고 여겨서, '손전화(휴대전화)·집전화'라는 새 낱말이 태어나기도 해요. 이때에는 어른들 스스로 생각을 잘 밝혀서 재미난 말을 지은 셈이에요.

이처럼 『마을에서 살려낸 우리말』이라는 책은 어린이 여러분이 스스로 살고 배우고 지내고 놀고 어울리고 꿈꾸는 마을에서 말을 어떻게 바라보면서 살리거나 사랑할 때에 아름답고 즐거운 삶으로 거듭날 만할까 하는 대목을 다루려 합니다.

'마을'이란 '여러 집이 어우러진 터전'입니다. 『마을에서 살려낸 우리말』이라는 책으로 어린이 여러분이 이웃하고 동무를 살가이 사귀면서 나눌 말을 이야기해 보고자 합니다. 말뜻과 느낌을 찬찬히 깨닫고, 우리 생각을 차근차근 갈고닦으며, 우리 삶을 손수 짓는 기쁜 사랑과 꿈을 아름답게 펼치는 길에서 '말 한마디'가 어떤 힘이 있는가를 느낄 수 있기를 바라요.

딱딱하게 굳은 말이 아닌 보드랍게 열린 말을 생각해 보기를 바라요. 말 한마디에 담는 마음을 살필 수 있기를 바라요. 말 한마디마다 흐르는 숨결을 헤아릴 수 있기를 바라요. 말 한마디로 천 냥 빚을 갚기도 한다지만 천 냥 빚을 지기도 한다고 해요. 다시 말해서, 말 한마디를 어떻게 살려서 쓰느냐에 따라서 우리 마음은 더 아름다울 수 있지만, 아름다움하고 동떨어질 수 있어요. 아주 작은 말 한마디를 슬기롭고 즐겁게 쓰면서 맑으면서 밝은 꿈을 사랑스레 키울 수 있기를 바랍니다. 어린이하고 어른이 서로 어깨동무를 하면서 "마을에서 말과 생각과 삶을 살리는 기쁜 웃음을 짓는 노래"가 흐를 수 있기를 바라요. 상냥하고 넉넉하게 웃는 기쁜 눈길로 읽어 주셔요. 고맙습니다.

한국말사전 배움터 '숲노래' 이야기지기

최종규

01

마을에서 노래하는 말

골목꽃 · 골목놀이 · 마실 · 마을돈 · 마을신문 · 어귀

 이 글을 읽을 예쁜 벗들은 어디에서 살까 하고 가만히 헤아려 봅니다. 밀양 어린이가 있을 테고, 삼척 어린이가 있을 테며, 당진 어린이나 장흥 어린이가 있을 테지요. 온산 어린이가 있을 테고, 완도 어린이가 있을 테며, 홍성 어린이가 있을 테지요. 그렇지만 아무래도 서울 어린이가 가장 많으리라 생각합니다. 이 다음으로는 부산 어린이가 많을 테고, 대구 어린이와 인천 어린이와 대전 어린이와 광주 어린이와 울산 어린이, 이렇게 큰 도시 어린이가 많으리라 느껴요.
 서울에 있는 웬만한 초등학교 한 곳에 다니는 어린이 숫자는 전남 고흥이라든지 경남 거창 같은 작은 군에 있는 모든 어린이 숫자

보다 많을 수 있어요. 도시에는 사람도 자동차도 건물도 많고, 시골에는 사람도 자동차도 건물도 적어요. 도시에서는 빈집을 찾기 어려울 테지만, 시골에서는 빈집이 아주 흔해요.

예쁜 벗들을 낳은 어버이가 어릴 적에, 얼추 1970년대 무렵부터 이 나라에 새마을 운동이 있었어요. 새마을 운동은 마을을 새롭게 가꾸자는 뜻으로 펼친 운동일 텐데, 이 운동이 퍼지면서 시골을 떠나 도시로 간 사람이 아주 많이 늘었지요. 새마을 운동이 퍼지면서 볏짚이나 억새로 지붕을 이던 시골집이 사라졌고, 제비집이 헐렸고, 흙으로 된 고샅길하고 골목길이 시멘트로 덮였고, 시골에 농약과 비료가 널리 들어왔고, 공장이 늘어 공해도 크게 생겼어요. 새마을 운동이 벌어지면서 공장과 고속도로와 기찻길과 댐이 갑자기 부쩍 늘면서, 참말 시골에서는 땅하고 집하고 마을을 송두리째 잃어서 도시로 떠날 수밖에 없던 사람이 대단히 많았어요.

예전에는 '동네'라고 하는 말은 거의 안 썼고, 시골이나 도시 모두 '마을'이라고 했어요. 도시가 커지면서 '洞(동)네'라는 말이 널리 쓰였어요. 한자로 '洞'은 '마을'을 가리켜요. '동네'라고 하면 '마을네'라는 소리이니, 그냥 '마을'을 한자말로 가리키는 이름이지요. 요새는 새 주소가 나와서 이름이 다 바뀌는데, 예전에는 서울이나 부산 같은 도시에서는 '봉천 3동'이라든지 '감천 2동'처럼 '동'이라는 말을 썼어요. 이런 '동'이라는 이름도 모두 한자말이에요. "동구 밖 과수

원길 아카시아꽃이 활짝 폈네." 하고 부르는 노래가 있는데, 이 노랫말에 나오는 '동구'는 "마을 어귀"를 가리키는 한자말이랍니다.

   새마을 운동이 퍼지면서 수수하거나 투박한 시골말이 차츰 밀려났고, 온갖 한자말이 불거졌어요. 학교를 드나드는 문 둘레는 "학교 어귀"이고, 아파트가 늘어선 커다란 마을(단지) 앞에 있는 상가는 "아파트 어귀"인데, '어귀'라는 말로 이러한 자리를 가리키는 사람은 요새 거의 없어요. 다들 그냥 "학교 앞"이나 "아파트 단지 입구(入口)"라고만 해요.

도시가 커지면서 참말 도시에서는 제비를 보기 어렵지요. 제비는 사람들이 사는 마음에서 처마 밑에 둥지를 짓기 좋아하는데, 아파트에는 처마가 없고, 제비가 잡아먹을 만한 벌레를 찾기 어려워요. 도시에는 박쥐도 살 수 없고, 소쩍새나 꾀꼬리나 종달새가 살기도 무척 어렵지요. 그렇지만 도시에도 골목골목 누비며 삶자리를 찾는 골목고양이가 있고, 떠돌이개라고 할 골목개가 있어요.

요즈음은 도시에서도 골목길을 걷는 분이 꾸준히 늘어요. 가볍게 골목을 걷는 골목마실이라고 할 만합니다. '마실'은 '마을'을 뜻하는 고장말, 곧 시골말입니다. 우리 마을에서 이웃 다른 마을을 다녀온다고 해서 쓰는 말이에요. '골목마실'처럼 '책방마실'이나 '극장마실'이나 '동물원마실'이나 '강릉마실'이나 '바다마실'을 할 만해요.

골목마실을 하다 보면, 올망졸망 조그마한 골목집이 서로 어깨를 맞댄 샛길을 걷는 재미를 누릴 텐데, 작고 예쁜 골목집마다 꽃이나 나무를 알뜰히 키운 모습을 들여다볼 수 있어요. 골목에서 피어나는 꽃이기에 골목꽃이고, 골목에서 우람하게 자라는 나무이기에 골목나무예요. 작은 골목집에 있는 작은 마당에서 감나무며 배나무며 호두나무며 복숭아나무며 무화과나무가 자라요. 손바닥만 한 땅뙈기에 씨앗 한 톨이나 어린나무를 심어서 돌본 어여쁜 손길이 꽃내음과 멋진 열매를 베풉니다.

예쁜 벗들을 낳고 돌본 어버이라면 어릴 적에 골목이나 고샅을 뛰거나 달리면서 온갖 놀이를 하셨으리라 생각해요. 저도 어릴 적에 골목에서 아침부터 저녁까지, 바야흐로 해질녘까지 골목놀이를 즐겼어요. 딱지치기나 구슬치기뿐 아니라 연날리기와 말타기와 공놀이에다가 숨바꼭질과 술래잡기에 꼬리잡기와 제기차기와 강강술래며, 이 놀이랑 저 놀이를 하느라 구슬땀을 흘리며 바빴어요.

요새는 자동차가 너무 많아서 골목놀이를 할 만한 빈터를 찾기 어려우리라 느껴요. 마을에 있는 놀이터도 너무 좁아서 마음껏 달리기를 하기 어렵고요. 그래서 요즈음은 작은 두레(협동조합)를 도시에서 엮어서 마을을 살리자는 몸짓이 생겨요. 아파트로 이룬 마을에서든, 골목집으로 모인 마을에서든, 조촐하게 마을잔치를 꾀하고, 마을신문도 내려고 합니다. 마을사람이 오순도순 모여서 서로 즐거운 마을잔치예요. 마을에서 흐르는 이야기를 소담스럽게 담아서 엮는 마을신문입니다. 그리고 마을살이를 북돋우려는 뜻에서 '마을돈'을 내놓기도 하지요. 마을돈은 마을에서만 쓰는 돈으로 '지역화폐'라고도 하는데, 나라에서 찍는 돈이 아니라 마을에서 마을가게를 살리자는 마음으로 쓰는 돈입니다.

예쁜 벗들은 어떤 마을에서 사나요? 서울이나 부산이라는 이름 말고, 어떤 이름으로 즐거운 마을에서 사나요? 노래가 흐르면 노래마을이고, 꽃이 흐드러지면 꽃마을이며, 그냥 시골이라면 시골마을이요, 골목이 아기자기하면 골목마을이에요. 책이나 만화나 영화를 실컷 누리는 책마을이나 만화마을이나 영화마을이 있어요. 냇물이 고우면 냇물마을이고, 바닷가를 옆에 끼면 바닷마을이랍니다. 산 옆은 산마을이고 들이 너르면 들마을이에요. 우리는 우리 마을을 아끼고 보듬으면서 마을지기가 될 수 있어요. 작은 골목을 지킨다면 골목지기가 되겠지요. 마을에서 이백 해나 오백 해를 함께 산 큰 나무가 있으면, 이 큰 나무도 마을지기나 골목지기로 삼을 수 있어요. 우리가 함께 마을을 가꾸고 지키면, 우리 마을은 늘 새롭고 아름답습니다.

02

집이 모여 이웃이 손잡는 말

동무집 · 두레 · 모둠집 · 석 간 · 숲집 · 쪽마루 · 하늘바라기집

 큰어머니하고 큰아버지가 사는 집을 가리켜 큰집이라 합니다. 작은아버지하고 작은어머니가 사는 집을 가리켜 작은집이라 해요. 그리고 크기로 따져서는 커다란 집이랑 자그마한 집을 '큰집 · 작은집'이라 할 만해요.

 우리가 사는 집은 옛날부터 '간 · 마루 · 부엌 · 마당'처럼 나누어요. 오늘날에는 삶이 많이 바뀌어서 '방 · 마루 · 부엌'에다가 화장실이 있고 다용도실이 있는 아파트 얼거리가 널리 퍼져요. 옛날 집에는 이밖에 '광 · 다락'이 있는데, 아파트에는 광이 없기 마련이고 '창고'로 쓸 자리가 있겠지요. 오늘날에는 아파트나 연립주택을 널리 짓기 때문에 집 안에 화장실을 두는데, 옛날에는 똥이랑 오줌을 모

두 거름으로 내었기 때문에 집하고 떨어진 자리에 멀찌감치 '뒷간'을 두었어요.

예전에는 모두 '마루'라 했으나 요새는 으레 '거실(居室)'이란 한자말이나 '리빙룸(living room)' 같은 영어를 써요. '마루'는 바닥을 나무로 깐 자리를 가리키기도 하지만, 잠을 자는 곳이 아니라 사람들이 드나들며 어울리거나 일하거나 노는 자리를 가리키기도 해요. 요즈음으로 치면 다용도실은 '쪽마루'라 할 테며, 넓게 자리한 거실은 '큰마루'라 할 테지요.

집 안팎을 드나들 적에는 신을 꿰어요. 문간에 '신장(신발장)'을 두는데 옛날 집, 이를테면 풀집이나 흙집이나 기와집에는 섬돌을 놓아요. 섬돌은 마당하고 마루 사이가 턱이 지기에, 이 돌을 디디고 올라서라면서 놓는 돌이고, 신을 섬돌에 벗어놓지요. 섬돌은 디딤돌이면서 '신돌(신을 놓는 돌)'이 되기도 합니다.

'초가삼간'이라는 말을 들은 적 있을까 궁금하네요. 한자말인데, 쉽게 한국말로 풀면, 풀로 지붕을 이은 집에 석 간(칸)이 있다는 뜻이에요. 한국말은 '풀집'이고, 이를 한자로 옮겨 '초가'라고도 해요. 풀집은 벽이나 바닥을 흙으로 두르기에 '흙집'이라고도 하지요. 옛날 집에서는 방과 부엌을 묶어서 '석 간(칸)'으로 셌어요. 옛날에는 잠을 잘 적이나, 추운 겨울에 밥을 먹을 적에 집으로(집 안으로) 들어왔지요. 여느 때에는 으레 집 바깥에서 일하거나 놀았어요.

　여러 층으로 지은 아파트에는 마당이 없을 수밖에 없지만, 예부터 집에는 꼭 마당이 있어요. 집 안보다는 마당에서 일했고, 마당에서 놀았어요. 마당은 일터요 놀이터입니다. '마당놀이'도 바로 이 마당에서 비롯해요. 집집마다 잔치를 벌일 적에도 마당에 자리(멍석)를 깔고서 신나는 놀이마당을 이루지요. '마당잔치'라고 할까요. 마당에 모여서 도란도란 이야기를 주고받으니 '이야기마당'이라는 말도 태어나요. 이 같은 마당은 넓게 하나가 되는 터전이기에 '한마당'이라는 낱말로 여럿이 사이좋게 어울리는 모습을 가리켜요.
　마당은 작은 꽃밭이나 텃밭을 두는 자리도 돼요. 항아리를 두는 자리가 되며, 곡식이나 남새를 말리는 자리가 되어요. 그래서 옛날 집은 하나같이 마당이 넓어요. 이러면서 이웃집하고 땅을 가르는 울타리를 세우지요. 울타리는 싸리나무로 세우기도 하고, 탱자나무나 찔레나무로 엮기도 해요. 바람이 센 바닷가나 섬에서는 돌을 쌓고요. 도시에서는 여러 아파트로 이룬 마을을 빙 둘러 울타리가 있고, 작은 골목집은 담벼락을 쌓아서 이웃집하고 가릅니다.

햇볕이 잘 들고 바람이 싱그러이 드나들면서 오붓하고 포근한 집을 가리켜 '보금자리'라고도 하는데, 보금자리는 새가 엮은 집을 가리키는 이름이랍니다. 들새나 멧새나 숲새나 물새가 오붓하게 지내는 자리처럼 사람도 삶자리를 오순도순 가꾸려는 마음으로 보금자리라는 이름을 새한테서 빌렸다고 할 만해요. 그리고 옛날에는 어느 집이든 집을 나무로 빙 둘렀어요. 뒤꼍에는 으레 감나무가 서고, 오동나무도 무화과나무도 있으며, 대나무가 집 뒤쪽으로 넓게 드리우기도 해요. 가만히 보면 시골집은 '숲집'이었습니다.

어린이 여러분도 한번 생각해 봐요. 15층이나 30층이나 50층에 이르는 아파트로만 숲을 이룬다면 어떠할까요? 창밖으로 자동차 물결과 높은 건물만 보인다면 이런 집에서는 어떤 마음이 될까요? 오늘날에는 예쁜 이름을 붙일 만한 집보다는 '시멘트집'이 되기 일쑤겠지요.

어른들은 '다세대주택'이나 '연립주택'이나 '옥탑집'이나 '지하방'

이나 '반지하집' 같은 이름을 흔히 써요. 이런 이름은 행정을 맡은 어른이 쓰면서 퍼져요. 우리 어린이는 이런 이름을 그대로 쓸 수도 있지만 '모둠집(여럿이 모둠을 이루며 사는 집)'이나 '두레집(여럿이 돕듯이 함께 어우러져 사는 집)' 같은 이름을 새롭게 쓸 수 있어요. 꼭대기에 있으면 '꼭대기집'일 텐데, 늘 하늘을 올려다보는 집이기에 '하늘집'이나 '하늘바라기집'이나 '하늘이웃집' 같은 이름을 써 볼 수 있어요. 땅밑으로 들어간 집은 '땅밑집'이나 '땅속집' 같은 이름을 붙일 수 있고요. 아파트처럼 여러 층으로 이룬 집이라면 '층집·층층집'이나 '겹집·겹겹집' 같은 이름을 붙여 볼 만해요.

집집마다 살림을 알뜰살뜰 가꿉니다. 집집마다 아이들이 씩씩하게 자랍니다. 집집마다 살림꾼이나 살림지기가 구슬땀을 흘리면서 웃음꽃을 피웁니다. 어느 집은 안팎으로 꽃이 가득하여 곱습니다. 그래서 이 집을 가리켜 '꽃집'이라고도 합니다. 꽃가게는 아니지만 꽃이 흐드러져서 꽃집이에요. 어느 집은 책이 많아서 '책집'이라고도 합니다. 책가게는 아니지만 책을 좋아하는 사람이 살기에 책집이에요. 만화를 좋아하는 사람이 살면 '만화집'이 되고, 영화를 좋아하는 사람이 살면 '영화집'이 되어요.

이웃이 서로 도란도란 지내니 '이웃집'이 살갑습니다. 그냥 옆에 붙었으면 '옆집'이지만, 마음을 나누는 따사로운 사이가 되면 어느새 이웃집으로 이름이 바뀌어요. 동무가 살기에 '동무집'이고, 벗이 살기에 '벗집'이에요. 어른도 아이도 스스럼없이 드나들거나 마실을 오가는 집은 '마실집'이나 '마실채'이에요. 마실집에는 이야기가 넘칠 테니 '이야기집'이 될 테고, 이야기가 피어나는 집에는 웃음도 흐를 테니 '웃음집'이 되기도 합니다.

03
가게에서 사이좋게 나누는 말
길장사 · 닷새마당 · 에누리 · 우수리 · 이웃가게 · 저자 · 흥정

꽃이나 책을 사고파는 곳이 아니어도 '꽃집·책집' 같은 이름을 써요. 차를 마시는 곳을 '찻집'이라고 하는데, 돈을 치르고 차를 사서 마시는 곳도 찻집이지만, 마을에서 이웃이 도란도란 모이는 마실집 같은 곳도 찻집이 되어요. '집'이라고 하는 낱말은 우리가 살림을 이루어 지내는 보금자리를 가리킬 뿐 아니라, 어떤 일을 하면서 물건을 사고파는 자리를 가리키기도 합니다.

사는 터전에도 '집'이라는 이름을 붙이고, 물건을 파는 곳에도 '집'이라는 이름을 붙여요. 다만 물건을 파는 곳이라면 '집'이라는 낱말을 쓰기도 하지만 '가게'라는 낱말을 따로 쓰곤 해요. '찻집·옷집·밥집·떡집·빵집·꽃집·쌀집'처럼 쓰기도 하고, '찻가게·옷가

게·밥가게·떡가게·빵가게·꽃가게·쌀가게'처럼 쓰기도 해요.

　자전거를 사고팔거나 다루는 곳이라면 '자전거집·자전거가게'입니다. 컴퓨터를 사고팔거나 다루는 곳이라면 '컴퓨터집·컴퓨터가게'예요. 자동차나 손전화나 튀김닭(치킨)이나 약을 다루는 곳을 놓고도 '자동차집·자동차가게', '손전화집·손전화가게', '튀김닭집(치킨집)·튀김닭가게(치킨가게)', '약집·약가게'처럼 쓰면 됩니다.

　가게 가운데에는 커다란 곳이 있고 조그마한 곳이 있어요. 커다란 가게라면 어떤 이름을 쓰면 어울릴까요? 어른들은 '대형마트' 같은 말을 흔히 쓰는데 '큰가게'라고만 해도 됩니다. '우람가게(우람한 가게)' 같은 이름도 재미있어요. 조그마한 가게라면 어떤 이름을 써 볼까요? 어른들은 '소형점포' 같은 말을 더러 쓰는데 '작은가게'라고 하면 되지요. 그리고 작은가게를 두고 '구멍가게'라는 이름도 써요.

　가게가 마을에 있으면 '마을가게'입니다. 가게가 숲에 있으면 '숲가게'일 테고, 가게가 시골에 있으면 '시골가게'일 테지요. 스물네 시간 내내 문을 여는 가게라면 어떤 이름이 어울릴까요? 늘 문을 여는 곳이니 '늘가게'나 '늘여는가게(늘 여는 가게)' 같은 이름을 붙일 만할까요?

　가게 가운데에는 똑같은 이름을 쓰는 곳이 있어요. 고장마다 고장 빛깔을 살펴서 다 다른 가게가 서기도 하지만, 어느 한 가게가 무척 잘되거나 사랑을 받으면서 이 가게에서 쓰는 이름을 똑같이

가게에서 사이좋게 나누는 말 _ 27

붙이는 가게가 생기기도 해요. 이른바 '체인점'이라고도 하는 가게인데, 한 가지 이름을 똑같이 붙이니 '한가게'라 할 수 있고, 서로 사이좋게 같은 이름을 쓰니까 '동무가게'나 '이웃가게'라 할 수 있어요. 그리고 한마을에서 서로 돕는 가게일 적에도 '이웃가게'입니다. 서로 돕는 사이라는 뜻을 살리려 한다면 '두레가게'라 해도 돼요. 그러니까 한 가지 이름을 똑같이 쓰는 여러 가게도 서로 도우려는 뜻으로 한 이름을 쓴다고 할 만하니, '한가게·동무가게·이웃가게·두레가게'는 다 함께 알맞게 쓸 수 있습니다.

　어떤 것을 사고팔거나 다루는 곳을 놓고 '가게'랑 '집'이라는 낱말을 함께 쓰는 까닭을 한 번 더 짚어 볼게요. 장사를 할 적에는 길에서 장사를 할 수 있고, 집 한쪽을 고쳐서 장사를 할 수 있어요. '길장사'는 길바닥에 자리를 깔고서 장사를 하는 일이고, 이를 한자말로는 '노점'이라고도 해요. '가게장사'는 길바닥이 아닌 '집' 한쪽이나 집을 통째로 고쳐서 장사를 하는 데에 써요. 길바닥에 자리를 까는 장사가 아니라 '집'에서 장사를 할 적에는 '가게'하고 '집'이라는 낱말을 섞어서 쓸 수 있습니다.

　장사하는 사람이 많이 모이는 자리를 '저자'라고 해요. 요즈음은 '시장'이라는 한자말을 널리 쓰고, 오래된 저자를 '전통시장'이나 '재래시장'이라고도 하는데, 예부터 쓰던 말은 '저잣거리'나 '저잣마당'이에요. 도시에서는 날마다 가게를 열거나 길바닥에 자리를 깔고 장사하는 분이 있지만, 시골에서는 여러 날에 한 번씩 가게를 열거나 길바닥에 자리를 깔고 저자를 열기도 해요. 이처럼 장사하는 저잣거리나 저잣마당을 가리켜 '닷새마당·닷새저자·닷새장·오일장'이라고도 하고 '사흘마당·사흘저자·사흘장·삼일장'이라고도 합니다. 닷새마당이나 오일장은 닷새에 한 번씩 저잣마당이 선다는 뜻이고, 사흘저자나 삼일장은 사흘에 한 번씩 저잣거리가 선다는 뜻이에요.

가게나 저잣거리에서는 마음에 드는 것이 있으면 값을 묻고 돈을 치릅니다. 어떤 것을 살 적에는 카드로 값을 치를 수 있고, '맞돈'으로 치를 수 있어요. 그 자리에서 맞바로 내기에 맞돈일 텐데, 물건값을 놓고 흥정을 하면서 에누리도 하지요. 조금만 깎자느니 조금 더 보태자느니 하면서 오락가락 이야기가 오갑니다. 서로 이야기를 나눈 끝에 알맞다 싶은 값을 잡아서 주머니를 엽니다. '흥정'이란 물건값을 얼마로 맞추어서 사겠느니 팔겠느니 하고 나누는 이야기를 가리킵니다. '에누리'는 이만한 값으로 물건값을 깎을 수 있느니 없느니 하고 이야기하는 일을 가리키지요. 때로는 에누리를 해서 싸게 살 수 있고, 때로는 바가지를 써서 비싸게 살 수 있습니다. 때로는 '우수'를 얹거나 '덤'을 주기도 해요. 물건값을 치를 적에 '큰돈'을 내면 '잔돈'을 거슬러 받기도 할 텐데, 거슬러서 받는 돈을 '거스름돈'이라고도 하고 '우수리'라고도 해요. 물건을 사는 쪽에서 값이 너무

'눅다(싸다)'고 여기다면 "우수리는 그냥 두셔요." 하고 말하기도 해요. 이때에는 물건을 사는 사람이 돈을 더 내는 셈이고, 이를 '에누리'라 하기도 해요. 에누리라고 하는 낱말은 물건값을 깎을 때뿐 아니라 우수리를 받지 않는다고 할 적에도 써요.

우리는 가게가 죽 늘어선 저잣거리로 마실을 다녀올 수 있고, 건물 한곳에 온갖 가게가 모인 커다란 가게인 큰가게로 나들이를 다녀올 수 있어요. 아버지 손을 잡고 저잣마실(장마실)을 할 수 있

고, 어머니가 모는 자동차를 타고 저자보기(장보기)를 할 수 있어요. 버스나 전철이나 자전거를 타고 저잣마실을 했으면 짐을 가방에 넣어서 짊어지겠지요. 자동차를 타고 장보기를 다녀온다면 짐칸에 짐을 싣고요.

즐겁게 다니는 저잣마실이 되었나요? 신나게 놀면서 여러 가게를 둘러보았나요? 수많은 가게는 수많은 사람이 저마다 좋아하는 삶을 찾아서 가꾸는 고마운 이웃가게요 이웃집입니다. 우리 집 옆에 있는 옆집이나 옆가게입니다. 모두 사이좋게 어우러지면서 마을마다 기쁜 노래가 흐릅니다.

잔치로 환하게 어우러지는 말

겨울잔치 · 곰국 · 국 · 누리잔치 · 예순잔치 · 잔칫밥 · 큰잔치

 웃을 적에는 언제나 잔치가 됩니다. 밥 한 그릇하고 미역국 한 그릇만 있어도 기쁘게 웃으면서 도란도란 어우러지는 밥상맡이라면 즐겁고 재미난 생일잔치도 되고 이야기잔치도 됩니다. 반찬이 한두 가지만 있는 밥상맡이어도 서로 아끼면서 즐거운 자리일 때에는 '잔칫밥'이라 할 수 있어요. 웃음이 흐르는 기쁜 밥상이라면 아침저녁으로 '밥잔치'를 한다고 할 만해요.
 이 밥잔치를 이루는 밥상맡은 이야기가 흐르는 '이야기잔치'가 되고, 도란도란 재미나게 말을 섞는 '말잔치'가 되어요. 온갖 이야기가 흐르면서 하하 호호 깔깔 껄껄 웃는다면 '웃음잔치'가 되지요.
 밥상에 김치밖에 없어서 재미없나요? 아니에요. 그렇지 않아요.

밥상에 김치만 가득하다면 '김치잔치'예요. 물김치, 배추김치, 무김치, 나박김치, 갓김치, 호박김치, 흰김치, 매운김치, …… 갖은 김치가 있어요. 여기에 김칫국이나 김치찌개를 올리면 오롯이 김치잔치라 할 만하지요.

김칫'국'하고 김치'찌개'는 어떻게 다를까요? '국'은 물을 많이 먹으려고 끓이는 먹을거리요, '찌개'는 건더기를 많이 먹으려고 끓이는 먹을거리예요. 그래서 '국물'이라고만 할 뿐, '찌개물'이라 하지 않아요. 국은 '국물'을 먹도록 끓이지요. 여러 가지 양념이나 밥감을 펄펄 끓여서 맛난 물(국물)을 얻으려고 하는 국이에요. 찌개는 건더기를 먹도록 끓이기에, 따뜻하게 익힌 건더기를 냠냠 짭짭 즐겨요. 그러니 김칫국에서는 김칫국물을 즐기고, 김치찌개에서는 김치에서 배어나오는 양념으로 간을 낸 건더기를 즐겨요. 이밖에 '탕(湯)'이 있는데, 이는 '국'이나 '곰국'을 가리키는 한자말이지요. 곰국은 "고는 국"을 가리키고, '고다'는 아주 오랫동안 끓이는 일을 나타내요.

자, 그러면 밥상맡에서 웃지 않으면 어떤 밥자리가 될까요? 아무래도 썰렁하거나 재미없을 수 있어요. 비록 상다리가 휘어지도록 차린 밥상이라 하더라도 웃음이 없거나 이야기가 흐르지 않는다고 한다면, 대단한 잔칫밥을 차렸어도 하나도 안 신나기 마련이에요. 하나도 안 신나고 하나도 안 기쁘다면, 이런 자리는 밥잔치라 하기 어려워요.

우리는 잔치를 벌일 적에 흔히 맛난 먹을거리를 선뜩 차리는데요, 맛난 먹을거리가 없어도 오직 말만 나누면서도 웃음꽃이 피는 '잔치마당'이 될 수 있어요. 잔치마당에 멋지고 맛난 밥이 가득하다면 더 즐거울 수 있지만, 먹을거리가 없어도 돼요. 잔치마당에 신나는 노래가 흐르고 구성진 춤이 있으면 아주 재미있어요. 동생이랑 발을 구르면서 춤을 추고, 아버지랑 손을 맞잡고 노래를 불러요. 잔치마당은 어느새 '춤잔치'가 되고 '노래잔치'가 되지요.

집안에서 벌이는 잔치는 '집잔치'라면, 마을에서 벌이는 잔치는 '마을잔치'예요. 나라에서 벌이는 잔치라면 '나라잔치'가 되지요. 우리가 사는 이 지구에서 전쟁무기와 군대가 모두 사라진다면 '지구잔치'가 벌어지면서 서로 어깨동무할 수 있으리라 생각해요. 지구라는 별을 넘어서 온누리에 사랑과 평화만 흐를 수 있으면, 어쩌면 앞으로 '우주잔치'도 할 수 있어요. 우주는 한국말로 '누리'로도 가리키니 '누리잔치'라고도 할 만해요.

밤에 하늘을 올려다보면 '별잔치'를 누릴 수 있는데, 서울 같은 큰 도시는 건물도 많고 하늘도 뿌예서 좀처럼 별잔치를 못 누려요. 어느 날은 달조차 보기 어려울 수 있어요. 별잔치를 누려야 하늘에서 별빛이 냇물처럼 흐르는 미리내를 만나요. 미리내라고 하는 별무리는 수많은 별이 냇물처럼 이어지는 모습인데, 한밤에 반짝반

잔치로 환하게 어우러지는 말

짝 빛나면서 '빛잔치'를 이루지요.

낮에는 밤과 다른 빛잔치예요. 밤에는 별빛하고 달빛으로 빛잔치라면, 낮에는 해님이 무지개 빛깔로 베푸는 빛잔치입니다. 무지갯빛이 골골샅샅 드리우면서 들판과 숲에서 온갖 꽃이 알록달록 피어요. 겨울이 지나고 봄이 새롭게 찾아오면 봄꽃이 올망졸망 고개를 내밀어요. 바야흐로 봄은 '꽃잔치'랍니다. 봄날에는 봄꽃을 잔치로 누리는 '봄꽃잔치'이고 '봄잔치'예요. 그러면 여름에는 어떤 기쁨을 나누는 '여름잔치'를 할까요? 시원하게 가르는 수박으로 수박

잔치를 할까요? 첫여름에 들딸기를 훑어서 딸기잔치를 해 볼까요? 가을에는 감잔치로 '가을잔치'를 즐겨요. 겨울에는 눈잔치로 '겨울잔치'를 즐기지요.

우리는 동무들하고 신나게 노는 '놀이잔치'를 언제나 해요. 소꿉놀이는 '소꿉잔치'처럼 재미나고, 줄넘기놀이는 '줄넘기잔치'처럼 갖가지 솜씨를 선보이는 놀이로 거듭나요. 학교나 마을에서 벌이는 운동회는 '운동잔치·학교잔치'이고, 100미터와 400미터와 이어달리기와 오래달리기를 골고루 해 보면 '달리기잔치'예요.

가만히 보면 우리가 누리는 모든 놀이랑 일은 잔치라 할 만해요. 학교나 집에서 배우는 일도 '배움잔치'예요. 어머니랑 아버지가 꾸리는 살림은 집안일이기에 앞서 '살림잔치'예요. 우리는 서로 아끼고 보살피는 마음으로 '삶잔치'를 누리고, 어버이한테서 물려받는 '사랑잔치'를 누리는 하루이지요.

오늘 아침은 어떤 마음으로 일어났나요? 오늘은 어떤 '하루잔치'를 이루는 기쁨을 나누면 즐거울까요? 조그마한 '작은잔치'도, 커다란 '큰잔치'도, 책을 한껏 즐기는 '책잔치'도, '만화잔치'나 '영화잔치'도, 할머니 할아버지가 오래오래 튼튼히 사시기를 바라는 '예순잔치·일흔잔치·여든잔치'도 모두 즐거워요. 날마다 잔치이니 늘 '잔칫날'이에요. 서로 손을 맞잡고 하나가 되는 '한잔치'가 벌어지고, 너랑 나는 '기쁨잔치'를 함께 지어요.

05

모임을 이루어 넉넉한 말

갈무리 · 노래모임 · 동아리 · 두레누리 · 사랑모임 · 어깨나라

노래를 좋아하는 동무가 모여 '노래모임(노래 모임)'을 합니다. 어떤 놀이나 일을 하거나 즐기려고 모이기에 '모임'이에요. 모임은 언제나 한 사람한테서 비롯해요. '모여서 이 놀이를 함께 하자'거나 '모여서 이 일을 함께 이루자'거나 '모여서 이 꿈을 함께 가꾸자'거나 '모여서 이 사랑을 함께 펼치자'는 뜻이에요.

노래를 좋아하기에 '노래모임'을 여는데, 모임을 하다 보니 차츰 노래를 사랑하는 마음으로 자란다면 어느덧 '노래사랑모임(노래 사랑 모임)'으로 거듭나요. 우리는 여섯 글자로 '노래사랑모임'이라는 이름을 쓸 수 있어요. 네 글자로 줄여 '노래사모'라는 이름을 쓸 수 있고, 세 글자로 줄여 '노사모'라는 이름을 쓸 수 있지요. 두 글자로 줄여 '노사'나 '노모'라는 이름을 쓸 수 있어요.

　야구를 좋아한다면 '야구모임'을 하고, 축구를 좋아한다면 '축구모임'을 합니다. 야구모임은 '야구사랑모임 · 야사모 · 야사 · 야모'라 할 수 있고, 축구모임은 '축구사랑모임 · 축사모 · 축사 · 축모'라 할 수 있어요.

　학교에는 '모둠'이 있어요. '모둠'은 한 학급이나 학년에서 여럿을 따로 묶을 적에 붙이는 이름이에요. 크게 두 모둠으로 가를 수 있고, 서너 모둠이나 너덧 모둠으로 가를 수 있어요. '모임'이 있으면 이 모임에서 작게 가르는 자리가 '모둠'이라고 할 만합니다.

　모둠하고는 다른 '동아리'도 있어요. '모임'이라고 할 적에는 "한

모임을 이루어 넉넉한 말 _ 39

자리에 모인다"는 뜻이나 느낌이 짙고, '동아리'는 "한자리에 모여서 한뜻이 되어 움직인다"는 뜻이나 느낌이 짙어요. 그래서 '동아리'라 할 적에는 저마다 좋아하는 것에 따라서 새롭게 모이는 자리를 가리키지요. "동아리 활동"을 한다고 해요. 취미나 운동처럼 다 다른 사람이 다 같이 좋아하는 결에 맞추어 어떤 자리를 마련하면 '동아리'예요.

모임은 크게 아우르는 자리에 흔히 써요. 이를테면 '마을모임·학교모임·배움모임'처럼 써요. 마을모임이나 학교모임도 마을이나 학교에서 한뜻이 되어 움직인다는 뜻이나 느낌을 나타낼 수 있어요. 마을모임이나 학교모임에서는 여러 가지 일을 꾀하겠지요? 이를테면 마을잔치나 학교잔치를 꾀할 수 있고, 마을이나 학교에서 크게 벌이는 일을 이야기할 수 있어요.

우리가 사는 집은 외따로 있으면 '외딴집'이에요. 이웃에 다른 살림집이 있으면 마을이 되어요. 마을에서는 서로 일손을 도우면서 '두레'나 '품앗이'나 '울력'을 하지요. 요즈음은 '협동조합'이나 '생활협동조합(생협)'이라고 하는 모임이 생기는데, 협동조합은 "돕는 모임"을 뜻하고, 생협은 "살림을 돕는 모임"을 뜻하는 한자말이에요. 한국말로는 '도움모임'이나 '살림모임'이라고 할 만해요. 처음에는 그저 모이기만 하던 사람들이기에 '모임'이었다가, 한뜻을 모으는 자리로 가꾸면서 '한뜻모임'이 되고, 이 한뜻모임은 '동아리'를

이루고 '모둠'으로 나뉘어요. 마을에서 한뜻을 이루는 모임을 일구면서 '두레'가 나디니니, 마을에서는 '마을두레'를 해요.

서로 돕는 모임을 가리키는 '두레'는 시골에서 태어났어요. 시골일에는 손이 많이 가기에 두레를 하면서 어깨동무를 하고, 품을 나누는 품앗이를 하면서 이웃살이를 하지요. 어깨동무를 하는 이웃이라면 '어깨이웃'이라고 할 수 있어요. 어깨동무를 하는 마을이라면 '어깨마을'이 돼요. 나라끼리 어깨를 겯는다면 '어깨나라'일 테고, 온 우주를 아울러서 서로 이웃으로 지내는 마음이라면 '어깨누리'가 됩니다. 우리가 아직 잘 모르는 먼 별나라하고 이웃으로 사귄다면 서로 '어깨별'이에요.

시골에서는 논밭에서 할 일이 많아서 두레나 품앗이를 하는데, 땅에 똥오줌으로 거름을 내는 흙일을 하면 '거름짓기(유기농)'랍니다. 따로 거름을 내지 않으면서 논밭을 숲처럼 가꾸면 '숲짓기(자연농)'가 되어요. 고추밭이나 마늘밭에 비닐을 길게 덮으면 '비닐짓기(관행농)'인데, 어떠한 짓기이든 모두 흙을 가꾸는 일이기에 '흙짓기(농사)'예요.

도시에서는 마을도서관이나 마을책방을 가꾸면서 '책두레'를 맺기도 하고, 어린이집을 함께 꾸리기도 해요. 깨끗하고 좋은 먹을거리를 서로 힘을 모아서 갖추거나 장만하는 모임이라면 '밥두레'나 '살림두레(생협)'가 되겠지요. 이리하여 '마을공동체' 같은 말도 쓰는데, '공동체'는 "뜻이나 삶을 함께하는 모임"을 가리키는 한자말이에요. 그런데 '마을'이 바로 뜻이나 삶을 함께하는 사람이 모인 터전이니, '마을공동체'는 뜻이 같은 말을 잇달아 붙인 셈이에요. '마을을 살리자'는 일이 바로 공동체 살리기예요.

동무끼리 서로 가르쳐 주면서 공부하는 모임이라면 '공부모임'이고, 어른들도 새롭게 배우려는 마음으로 오순도순 모이는 자리라면 '배움모임'입니다. 때로는 새로운 배움터를 생각하면서 '배움두레(대안학교)'로 나아가요. 마을이 서로 한지붕이나 한집이 되듯이 지낼 적에는 '두레살이'를 한다고 할 만하지요.

시골에서 가을에 열매를 거두어서 알뜰히 갈무리하듯이, 도시에서 우리는 기쁜 웃음을 거두어서 살뜰히 갈무리해요. 넉넉하게 갈무리한 열매로 마을잔치를 이룹니다. 너그럽고 살가이 갈무리한 기쁜 웃음으로 두레잔치를 엽니다. 참말로 처음에는 한 사람이 일어났을 뿐인데, 두 사람 세 사람이 모이다가, 차근차근 한마음 한뜻이 되면서 아름다운 두레나라나 두레누리로 거듭납니다.

06

배움님이 되어 나누는 따뜻한 말

글쓰기 · 또래 · 배움동무 · 배움바라지 · 배움책

 우리는 학교에 들어가서 배워요. 나이가 차기에 학교에 가서 배우고, 나이에 맞지 않는 듯 보이지만 학교에 가서 배워요. 이를테면 어린이는 여덟 살에 비로소 초등학교에 갈 텐데, 여든 살 나이인 할머니가 처음으로 초등학교에 갈 수 있어요.

 어린이 여러분도 학교를 잘 살펴보면, 동무가 모두 같은 나이는 아니에요. 한두 해 일찍 학교에 들어오거나 한두 해 늦게 학교에 들어오기도 해요. 예전에는 가시내를 학교에 보내지 않기 일쑤였기에, 어린이 여러분을 아끼는 할머니는 학교 문턱을 밟기 어려웠어요. 초등학교만 겨우 마친 할머니가 많아요. 할머니도 글을 익히고 셈을 헤아리고 싶어서 어린이 여러분하고 함께 초등학교에 들어갈 수 있어요. 할머니하고 어린이 여러분이 함께 학교를 다니면서 배운다면 서로 '배움동무'가 돼요.

나이가 비슷한 사람이라면 '또래'예요. '동무'는 가까이 어울리는 사람이나 짝이 되는 사람을 가리켜요. '벗'은 또래이면서 동무인 사람을 가리켜요. 그러니까 '벗'은 나이가 비슷하면서 가까이 어울리는 사람이지요. 어린이 여러분하고 함께 학교를 다니는 또래 가운데 가까이 지내는 아이가 있으면 '벗'인 셈이고, '배움벗'이 되겠지요.

우리가 배우러 다니는 곳을 두고 '학교'라는 한자말 이름을 쓰는데, '학교'는 "배우는 곳"을 뜻해요. 쉽게 말해서 '배움곳'이나 '배움터'에 '학교'라는 이름을 붙인 셈이에요.

우리가 어머니 아버지랑 지내는 곳을 '집'이라고 해요. 배우는 곳인 '배움터·학교'에서 어른(교사)이 우리를 따스이 돌보거나 살뜰히 아낀다고 한다면, 이 배움터나 학교는 '배움집'이라 할 만해요. 어머니 아버지랑 지내는 곳은 '살림집'이고요.

나라에서 세운 학교는 국공립 학교예요. 이러한 학교 말고 사람들이 따로 세우는 배움집(배움터·배움곳)이 있어요. 앞서 두레를 얘기할 적에 살짝 말했는데, 어른들이 '배움두레'를 뜻하는 '새로운 배움집'을 세우려고 하지요. '대안학교' 같은 곳인데, 이러한 배움집은 '새배움집(새로배움집)'이나 '두레배움집'이라 할 수 있습니다. 새롭게 배우는 곳이기에 새배움집이지요.

그러면 배우는 사람은 누구일까요? 어린이도 배우고 어른도 함께 배우는데, 흔히 가리키는 '학생'이란 "배우는 사람"이기에 '배움이'가 되어요. 가르치는 사람이라면 '가르침이' 같은 이름이 나올 테지요. 즐겁게 배우고 슬기로운 숨결로 거듭났으면, 우리는 이 배움집을 기쁘게 마쳐요. '배움빛'이 되어서 새로운 곳으로 한 발짝 내디뎌요. 배움집에서는 서로 어깨동무를 하면서 즐겁게 부르는 노래가 있어요. 즐겁게 배우자는 뜻으로 부르는 이 노래는 '배움노래'입니다. 배움집에서는 따로 배우는 책이 있겠지요? 교과서라고 하는 이 "배우는 책"은 '배움책'이랍니다.

우리는 한국에서도 배우지만, 이웃나라로 배우러 떠나기도 해요. '배움길'을 나서는 셈이에요. 어린이 여러분이 배울 적에 어머니나 아버지는 우리를 가르치려고 힘을 쏟아요. 이때 어머니나 아버지는 '배움바라지'를 합니다. 뒤에서 돕는 '뒷바라지'이고, 앞에서 돕는 '앞바라지'이듯이, 배움을 돕기에 '배움바라지'예요. 노래를 잘 부르지 못하는 동무를 돕는 사람이 있다면 '노래바라지'를 하는 셈이고, 글쓰기를 돕는 사람이 있으면 '글바라지'를 하는 셈이에요.

배움집에서는 배움책을 펼쳐서 무언가를 배울 수 있는데, 우리는 책에 적힌 대로만 가르치거나 배우지 않아요. 삶을 사랑하는 길을 가르치고, 살림을 스스로 짓는 길을 배워요. 사람을 사랑하는 손길을 가르치고, 이웃하고 어깨동무를 하는 마을살이를 배워요.

 스스로 씩씩하게 일어서는 길을 가르치고, 서로 도우면서 아끼는 마음을 배우지요.
 　아직 모르기에 하나씩 배워요. 이제부터 새롭게 알려고 차근차근 배워요. 즐겁게 돌보아 기쁘게 웃으려고 배워요. 사랑스레 가꾸어 아름답게 나누려고 배워요. 가르치는 몫을 맡는 어른을 두고 '교사'라 하고, 학교에서는 흔히 '선생님'이라고 하지요. 배움이 자리에서는 어린이가 가르침이 자리에 있는 어른을 보며 '선생님'이라 하잖아요? '-님'을 붙인 '선생님'은 배우는 자리에서 가리키는 이름이

에요. 가르치는 자리에 선 사람은 스스로 '선생님'이라 말할 수 없어요. 가르치는 자리에 선 사람은 '저'나 '나'라고 스스로 가리켜야 올발라요.

그런데 말이지요, 가르치는 자리에 서서 배우는 사람을 바라보노라면, '가르치면서 배우는구나.' 하고 느끼기 마련이에요. 배우는 어린이 여러분도 어른한테서 무언가를 배우면서 새롭게 무언가를 가르친답니다. 이리하여 배우는 사람이나 가르치는 사람은 서로 '배움님'이 되면서 '가르침님'이라 할 만해요. 오늘 하루도 맑은 마음이 되어 밝은 생각을 배울 수 있는 길을 신나게 함께 걸어가요.

쉬다 보니 기운이 샘솟는 말

겨를 · 깁다 · 느린밥 · 느린배움 · 말미 · 버스터 · 쉬는차

며칠 앞서 읍내로 나들이를 다녀오는데 문득 엉덩이 쪽이 허전하구나 싶어서 만지니, 어라, 바지가 뜯어졌습니다. 열 몇 해 동안 입은 바지인데 해져서 뜯어졌더군요. 뒷주머니 아래쪽이 뜯어진 채 읍내 나들이를 마치고 집으로 돌아와서 '짬'을 내어 바느질을 합니다. 엉덩이를 훤히 드러내며 다닐 수 없는 노릇이니, 바쁜 '틈'을 쪼개어 뜯어진 자리를 깁습니다.

그런데 '깁다'는 서울 표준말이고, 여러 고장에서는 '기우다'나 '집다'나 '줍다'라고도 해요. '뜯다 · 뜯어지다'도 서울 표준말이고, 여러 고장에서는 '틀다 · 틀어지다'라고도 하지요. 뜯어진 자리를 기우거나 깁자면 바늘이 있어야 해요. 바느질을 할 '겨를'이 없으면 재

봉틀이 있는 빨랫집에 옷을 가져가요. 자, 그러면 집에서 손수 바느질을 하는 겨를이 짧을까요, 아니면 옷을 빨랫집에 맡긴 뒤 찾아오는 겨를이 짧을까요?

여름과 겨울에 철새가 찾아와요. 여름에 오는 철새는 '여름새'이고, 겨울에 오는 철새는 '겨울새'이지요. 철새는 철 따라 이 땅에 살포시 내려앉아서 느긋하게 쉽니다. 지친 날갯짓을 쉬고, 고픈 배를 채워요. 그래서 철새가 내려앉아서 쉬는 곳을 '철새 쉼터'라고 합니다. '철새 도래지'라고 해서 '도래지'라는 한자말을 쓰기도 해요.

'쉼터'는 "쉬는 곳"을 가리켜요. 배우는 곳은 '배움터'이고, 살림을 하는 곳은 '살림터'에요. 책이 있는 곳은 '책터'이고, 일하는 곳은 '일터'이지요. 버스가 서는 곳이라면 '버스터'가 될 테고, 기차가 서는 곳이라면 '기차터'가 되겠지요. 놀이를 즐기는 곳은 '놀이터'예요. 자동차나 버스를 타고 고속도로를 달리다가 쉬기도 하지요? 이때에는 '고속도로 쉼터'에 머물면서 쉬어요.

학교나 회사는 한 주 가운데 일요일을 꼬박꼬박 쉽니다. 토요일도 오롯이 쉬곤 하고, 때로는 두 주에 한 차례 토요일을 쉬곤 해요. 쉬는 날이라면 '쉼날'이 될까요? 이레에 걸친 한 주 가운데 닷새를 학교나 회사에 다녀요. 이때는 '배움날(학교를 다니며 배우는 날)'이나 '일날(회사를 다니며 일하는 날)'이지만, 따로 집안에 일이 있어서 학교나 회사를 쉴 수 있어요. 이때는 '말미'를 내어 쉰다고 해요. 어른들이 회사에서 얻는 '휴가'가 바로 '말미'이고, 학교에서 하루를 쉬거나 조퇴를 한다고 할 적에도 '말미'를 얻는다고 해요. 여름이랑 겨울에 누리는 방학도 어느 모로 보면 '말미'랍니다. '여름말미·겨울말미(여름방학·겨울방학)'가 되는 셈이에요.

쉬는 까닭은 몸이나 마음을 느긋하게 두어야 새롭게 기운을 낼 수 있기 때문이에요. 쉬지 않고 배우기만 하면 몸이랑 마음이 그만 지쳐요. 어른들도 쉬지 않고 일만 하면 고단해요. 그래서 알맞게 쉬고 느긋하게 쉽니다. 틈틈이 말미를 얻고, 다 같이 놀러 다니

면서 고단함을 말끔히 털려고 해요. 택시를 보면 '쉬는차'라는 빨간 불을 켜 놓기도 해요. 손님을 안 받고 쉰다는 뜻이에요. 택시나 버스를 모는 분들도 쉬엄쉬엄 일을 해야 다시 기운을 내시겠지요.

쉴 적에는 느긋하게 움직여요. 바삐 서두른다면 쉬는 몸짓이 아닐 테지요. 오늘날 우리 삶자락은 너무 바쁘게 휘몰아치기에, 천천히 가자는 목소리가 불거지기도 해요. 이른바 '걷는 마실(도보 여행)'이 온 나라에 퍼졌어요. 자동차도 버스도 자전거도 모두 내려놓고 두 다리로 천천히 걷자는 마실이에요.

제주에 있는 올레길이든 지리산에 있는 둘레길이든, 모두 '걷는 길'입니다. 무엇보다 이 길은 빨리 걷는 길이 아니라 느리게 걷는 길이에요. '느린걸음'으로 길을 누리고 숲을 누리면서 이웃을 바라보자는 뜻이에요. 텔레비전에서는 '느린그림'으로 어떤 모습을 다시 보여주곤 해요. '느림(느리다)'은 우리가 오늘 이곳에서 어떤 숨결인가 하는 대목을 가만히 비추어 주는 말마디라 할 만해요.

햄버거나 피자를 파는 곳은 '패스트푸드'라고 해서 말만 하고 돈만 내면 몇 분이 안 걸려서 먹을거리가 척척 나와요. 영어인 '패스트푸드'는 한국말로는 '빠른밥'이에요. 그래서 이런 소용돌이에서 빠져나오자는 뜻으로 '느린밥'을 찾는 물결이 일어요. 느리게 밥을 짓고, 느리게 밥을 먹으면서, 느리게 살림을 짓자는 물결이에요.

누구는 무척 빨리 배우지만, 누구는 천천히 배워요. '빠른배움'

으로 학교를 일찍 마치는 동무가 있다면 '느린배움'으로 느긋하면서 차근차근 배움길을 걷는 동무가 있어요.

학교를 일찍 마쳐야 똑똑하거나 훌륭하지 않아요. 학교를 오래 다니든, 때로는 학교를 안 다니든, 하나를 배우면서 하나를 깊고 넓게 살필 줄 알아야 똑똑하고 훌륭해요. 배우는 보람은 지식을 많이 얻자는 뜻에 있지 않아요. 배우는 보람은 스스로 생각을 짓고 살림을 가꾸면서 사랑을 키우려는 데에 있어요. 자랑하는 배움이 아니라, 나누는 배움이에요. 뽐내는 배움이 아니라, 어깨동무하는 배움이지요.

제아무리 빼어난 재주가 있어도 이웃하고 나눌 줄 모르면 덧없다고 느껴요. 참으로 뛰어난 솜씨가 있어도 이웃하고 어깨동무하지 않는다면 부질없다고 느껴요. 우리 서로 기쁘게 손을 맞잡는 따사롭고 훌륭하며 아름다운 배움길을 걸을 수 있기를 빌어요.

책으로 이야기꽃 피우는 말

삶말 · 숲책 · 오늘이야기 · 책손질 · 책쓰기 · 책찾집

　책은 종이로 빚어요. 종이는 나무로 빚어요. 나무는 이 지구라는 별에서 숲을 이루어 자라요. 나무는 사람한테 푸르면서 맑은 숨을 베풀고, 사람은 나무가 마실 숨을 베풀어요. 숲에 사람이 없어도 수많은 벌레하고 짐승이 나무하고 숨을 알뜰살뜰 주고받아요.

　우리가 손에 쥐는 모든 책은 숲에서 왔어요. 책을 빚는 종이는 모두 나무한테서 왔으니까요. 어느 책이든 숲내음이 깃든 종이요, '숲책'인 셈입니다. 책을 읽을 적에 먼저 이 대목을 헤아려 보셔요. 책이라고 하는 물건을 손에 들면서 '나무라고 하는 숨결'을 느껴 보셔요.

　책을 거칠게 넘기는 까닭은 책이 나무인 줄 모르기 때문이에요.

나뭇가지를 함부로 잡아당기다가는 부러지지요. 나뭇가지가 부러지면 나무는 아파요. 우리 몸뚱이를 함부로 굴리면 우리 몸도 아프거든요. 자, 그러면 이때 어떻게 하지요? 테이프로 붙일까요? 아니에요. 종이는 테이프로 붙이면 다쳐요. 종이는 종이에 풀을 발라서 붙여야 해요. 찢어진 자리는 얇은 종이에 풀을 살살 발라서 붙여 주셔요. 그러면 책이 된 나무가 기뻐하리라 생각해요. '책손질'을 곱게 해 보셔요.

책은 말로 빚어요. 말은 삶으로 빚어요. 삶은 생각으로 빚지요. 우리가 저마다 생각하는 대로 하루를 살아요. 즐겁게 놀고 싶다는 생각을 품으면, 언제 어디에서나 즐겁게 놀면서 하루를 빚어요. 기쁘게 배우고 싶다는 생각을 품으면, 학교에서뿐 아니라 마을이나 집에서도 기쁘게 배우면서 하루를 빚지요. 심부름을 한다든지 어버이 일을 거들겠다는 생각을 품으면, 또 이러한 생각대로 하루를 빚는답니다.

저마다 하루를 빚는 생각대로 살면서, 이러한 삶결이 말결로 나타나요. 밥을 지으니까 밥하고 얽힌 말이 태어나지요. 밭을 일구고 꽃이랑 나무를 아끼니 밭짓기랑 꽃이랑 나무하고 얽힌 말이 태어나요. 바다에서 고기를 낚으니 바다하고 고기랑 얽힌 말이 태어나요. 어머니와 아버지가 만나서 아이를 낳으니 사람하고 얽힌 말이 태어나지요. 우리가 서로 동무가 되어 사이좋게 어울려 노는 동안

어느새 놀이하고 얽힌 말이 태어나요.

　이렇게 온갖 자리에서 저마다 다르면서 새로운 삶결로 태어난 말이 책에 깃들어요. 책은 나무가 자라는 숲에서 왔기에 숲책이라 했지요? 그러면 책에 담는 말은 바로 숲에서 온 '숲말'이 돼요. 먼 옛날부터 집을 짓고 밥을 짓고 옷을 지으면서 살림을 지은 자리는 모두 숲이었거든요. 도시나 시골이라고 따로 가르는 터전이 아니라, 지구별 어디에서나 숲에서 삶터를 가꾸었고 살림터를 일구었어요. 말은 '숲말'이요 '삶말'이며 '살림말'이랍니다.

　그런데 그냥 말만 담아서는 책이 되지 않아요. '그냥 말'일 적에는 아직 '소리'예요. 이른바 '말소리'이지요. '그냥 소리'인 '그냥 말'에 머물면 아직 말이 아닌 셈이니까, 말이 말답게 되려면 '삶·살림·사랑'이라고 하는 숨결을 생각으로 담아야 해요. 어떻게 누리는 삶이고 어떻게 가꾸는 살림이며 어떻게 나누는 사랑인가 하는 대목을 '소리로 나타나는 말'에 담아서 내 입으로 터뜨리고 네 입에서 함께 터뜨릴 적에 '이야기'가 됩니다.

　이야기란, '삶·살림·사랑이 흐르는 말'이라고 할 만해요. 살아가고 살림하며 사랑을 나누는 모습이 고스란히 깃든 말이 바로 이야기인 셈이에요. 그래서 '이야기책'이라는 이름을 따로 써요. '그냥 책'이 아니라 오순도순 즐기는 이야기가 깃드는 책이라는 뜻으로 이야기책이라고 해요.

번 옛날부터 흘러온 이야기는 '옛이야기'나 '옛날이야기'라고 해요. 그러면 오늘 우리가 누리는 이야기는 '오늘이야기'라고 할 만하겠지요? 앞으로 살아갈 나날을 꿈꾸며 나누는 이야기라면 '앞이야기'나 '앞날이야기'나 '꿈이야기'가 될 테고요.

책 가운데에는 그림으로 이야기를 엮는 '그림책'이 있어요. 글로 이야기를 엮으면 '글책'이고, 글책에는 동화책이나 동시책이나 소설책이나 역사책이나 철학책이나 과학책 들이 있어요. 만화로 이

야기를 엮으면 '만화책'이고, 사진으로 이야기를 엮으면 '사진책'이에요. 우리가 일기를 한 권 가득 쓰고 나면 이는 '일기책'이 돼요. 일기책은 내 삶을 오롯이 담은 이야기라서, '내 이야기책'이자 '내 삶책'이 되어요. 일기에는 내 마음이나 생각을 담으니 일기책은 '마음책'이나 '생각책'도 됩니다.

오늘 우리가 읽는 책은 모두 서울 표준말로 써요. 부산말이나 대전말이나 광주말로는 책을 따로 쓰지 않아요. 어느 고장에서 태어나 자란 사람이라도 읽을 수 있도록 서울말로 쓰지요. 고장마다 달리 쓰는 말이기에 '고장말'이고, 이를 '사투리'라고도 해요. 작은 마을에서만 쓰는 말이면 '마을말'이에요. 또는 마을에서 태어나거나 마을에서 살려낸 말이기에 '마을말'이고요.

어린이가 읽기에 '어린이책'이라 하는데, 어린이책은 어린이만 읽는 책이 아니라 어린이부터 읽을 수 있는 책이에요. 그래서 어린이책을 읽는 어른이 꽤 많습니다. 어린이책은 어린이부터 읽을 수 있도록 어린이 눈높이에 맞추어 낱말을 고르고 이야기를 엮지요. 누구나 읽을 수 있는 책이 어린이책이랍니다.

이 모든 책을 한자리에 모아 기쁘게 나누려고 '책잔치'를 열고, 책이 가득한 '책마을'을 가꾸어요. 새책방도 헌책방도 도서관도, 책이 있는 찻집인 '책찻집'도 아름다운 '책터'가 되는 책마을입니다. 이곳에서 즐겁게 책놀이를 합니다. 책으로 짓는 삶을 새롭게 추스

르면서 '책살'을 빛내요. 책 한 권으로 꿈을 짓는 '책길'을 걷고, 책 한 권에서 슬기를 깨치는 '책빛'을 배웁니다. 겨울에는 포근한 볕이 드는 자리를 찾아서 '책읽기'를 하고, 여름에는 시원한 그늘이 드는 자리를 살펴서 우리 나름대로 '책쓰기'를 해 봅니다.

누리마다 고이 퍼지는 말

골 · 별내 · 사랑누리 · 온둥이 · 울 · 잘 · 즈믄 · 한가람 · 해누리

1999년이 저물고 2000년이 되는 날부터 '해'를 적는 숫자가 바뀌었어요. 20세기에서 21세기로 접어들었지요. 2000년에 태어난 아이를 두고 그 무렵에 '즈믄둥이'라는 이름을 붙였어요. 새로운 '1000해'로 바뀔 무렵에 태어난 아이라는 뜻이에요. 앞으로 2999년이 저물고 3000년을 맞이한다면 그때에도 새로운 '즈믄둥이'가 태어나겠지요. 이 얼거리를 살피면 1000해가 아닌 100해를 잣대로 삼아서 '온둥이'라는 이름을 쓸 수 있어요. '100'이라는 숫자는 한국말로 '온'이거든요.

요즈음 '즈믄'이라는 한국말은 잘 안 쓰고 '천'이라는 한자말만 흔히 쓰지만, '온'이라는 한국말은 곳곳에 두루 깃들어요. 이를테

면 '온통·온갖·온소리(온음)·온누리·온몸' 같은 자리에 나타나요. '온'을 앞에 붙여서 '온마음·온사랑·온꿈·온짓'처럼 쓸 만하고, '온힘·온뜻·온말·온글'처럼 쓸 만해요. 눈을 새롭게 뜨거나 귀를 새롭게 연다면 '온눈'이나 '온귀'가 되지요. 온몸을 바친다거나 온마음을 기울인다고 하듯이, "온눈으로 바라보"고 "온귀로 듣는" 셈이에요.

'온누리'는 우리가 사는 이 땅을 두루 가리키는 이름이에요. 지구라는 별에서는 '지구별'이 바로 온누리예요. 한국이라는 나라에서는 '한국'이 온누리이지요. 우리가 눈을 넓게 뻗어서 우주라고 하는 곳을 바라본다면 수많은 별이 있는 우주가 온누리라 할 수 있어요. 이때에는 우주를 '온별누리'라는 이름으로 가리켜 볼 만하지요. '온'은 "모두(모든 것)"를 뜻하기도 하기에 '온별+누리'처럼 이름을 지으면 "수많은 모든 별이 있는 곳"이라는 뜻이에요.

우리가 사는 이 별은 지구이고, 지구에서는 해님이 따사로이 비치면서 삶을 누려요. 지구는 '태양계'에 있다고 해요. 이리하여 태양계는 '해누리'가 됩니다. '미리내'는 별이 마치 냇물처럼 흐르는 듯이 보인다고 해서 붙이는 이름인데, '미리'는 '미르(용)'를 가리키는 한국말이에요. '미루'나 '마루'도 예부터 '미르'를 가리키는 이름이기도 했어요. '마루'는 '멧마루·산마루'처럼 맨 위쪽(꼭대기)을 가리키기도 하고, 물결이 치는 가장 위쪽을 가리키기도 해요. 이 흐

큼을 살피면 미리내에는 '별내(별냇물)'라는 이름도 붙일 수 있어요. 이러면서 '별누리' 같은 이름을 떠올릴 수 있어요. 별이 무더기로 한가득 모인 곳이라면 '별누리'이지요.

별은 하늘에도 있고 우리 곁에도 있어요. 우리 곁에 있는 별이 누구인가 하면, 바로 모든 어린이입니다. 반짝이는 눈망울로 꿈을 키우는 어린이를 '별'이라고 할 만하기에, 마을에서나 학교에서는 '한 마을 어린이'나 '한 학교 어린이'나 '한 학급 어린이'를 아울러서 '별누리 어린이'라고 바라볼 수 있습니다.

'누리'는 우리가 살아가는 모든 곳을 가리켜요. '나라'는 우리가 모여서 마을이나 고을처럼 따로 틀을 이루어 살아가는 곳을 가리켜요. 이러면서도 '누리·나라'는 무엇이 가득하거나 많은 곳을 가리키기도 하지요. '기쁨누리·기쁨나라'라든지 '웃음누리·웃음나라'라든지 '꽃누리·꽃나라'는 모두 같은 뜻이나 느낌으로 써요. 기쁨이나 웃음이나 꽃이 가득하기에 '누리·나라'를 붙여요.

즐겁게 배우는 곳이라면 '배움누리'가 될 테고 '배움나라'도 돼요. 바람이 언제나 맑고 싱그럽게 부는 곳이라면 '바람누리'가 될 테고 '바람나라'가 돼요. 숲이 고운 터전이라면 '숲누리·숲나라'요, 책이 가득한 터전이라면 '책누리·책나라'예요. 놀이가 넘실거리면 '놀이누리·놀이나라'이며, 노래가 신나면 '노래누리·노래나라'가 되며, 새롭기에 '새누리·새나라'입니다.

우리는 이 터전을 어떤 누리나 나라로 지을 수 있을까요? 어린이 여러분은 앞으로 이 땅을 어떤 누리나 나라로 가꾸면서 기쁨을 나눌 수 있을까요?

'열린누리'나 '사랑누리'는 어떤가요? '이야기나라'나 '딸기나라'는 어떤가요? '꿈누리'나 '춤나라'도 재미있겠지요? 그런데 기쁨이나 웃음이 아닌 싸움박질을 하는 '싸움누리·싸움나라'가 될 수 있어요. 때로는 '미움누리·미움나라'가 될 수 있겠지요. '눈물누리·눈물나라'가 된다면 슬퍼요.

가만히 보면 남녘하고 북녘은 둘로 갈린 채 아직 서로 아끼거나 사랑하는 사이가 못 되어요. 사이좋게 어깨동무하는 '어깨나라'가 되지 못합니다. 앞으로 남·북녘은 서로 사랑하며 돌볼 줄 아는 '사랑나라'가 될 수 있을까요? 남·북녘이 사랑나라가 되고, 사랑누리로 거듭나도록 어린이 여러분이 온사랑을 나눌 수 있을까요? 기쁘게 믿고 싶습니다. 슬기롭게 '온생각'을 모아서 따사로운 '온믿음'이 이 땅에 드리울 수 있기를 빌어요. 앞으로는 "둘로 쪼개진 나라"가 아니라 "하나로 손을 맞잡는 나라"인 '한나라'가 될 수 있기를 비는 마음이에요. 서로 '한마음 한뜻'이 되고, '한누리'로 거듭나면서, '한사랑'으로 어여쁜 '한꿈'을 짓는다면 더없이 아름다우리라 생각해요.

서울 한복판을 흐르는 한강이 있어요. '한가람'이라고도 하지

요. 여기에서 '한'은 숫자로 '1'을 가리키기도 하지만 '크다'나 '넓다'를 가리키기도 해요. '한길·한살림·한참·한턱·한바탕·한마당·한글'은 모두 '하나+크다+넓다'라 할 만해요. 파랗게 맑은 바람이 흐르는 하늘도 '한'에서 비롯하지요. '하느님' 같은 낱말은 '하늘+님'인데, '하늘'도 '한+울'이면서 '하나+크다+넓다'를 가리키는 자리랍니다. 여기에서 '울'은 '1,000,000,000,000(조)'라는 숫자를 가리키는 오래된 한국말이에요.

숫자로 보면 '1'인데, 이 '하나'가 너르고 크면서 아름다운 것이지요. 숫자 '100'은 '온'이면서 '모두'예요. 숫자 '1,000(천)'은 '즈믄'이고, 숫자 '10,000(만)'은 '골'이며 '골백번'이라는 말마디에서 살짝 나타나요. 숫자 '100,000,000(억)'은 '잘'이고, '잘하다'라는 말마디에 가만히 나타납니다.

그림으로 날아오르는 말

권정생 집·그림터·동화나라·부산책누리·살림그림·한글집

 "권정생 집에 가 볼까?" "이원수 집은 어떨까?" 아무개 '집'에 가 보자고 말하면 어디를 가자고 하는지 알 만할까요? 우리는 동무 집에 놀러 가려고 할 적에 "철수 집"이나 "영희 집"처럼 말해요. 또는 "철수네 집"이나 "영희네 집"처럼 말하지요. '집'이라는 낱말은 우리가 살림을 이루어 지내는 보금자리를 가리키거든요. 그리고 '집'은 장사를 하는 터, 곧 '가게'를 가리키기도 해요. 여기에 '집'은 어떤 일을 하거나 어떤 일이 이루어지는 자리를 가리킬 수 있습니다. "권정생 집"이라고 하면 "권정생 기념관"을 말하는 셈이고, "이원수 집"이라고 하면 "이원수 문학관"을 말하는 셈이에요.
 어른들은 '기념관'이나 '문학관'이라는 이름을 즐겨 써요. '관(館)'

이라는 한자를 붙이는 이름인데, '관'은 '집'을 뜻합니다. 그러니까 '기념관＝기념집'이고, '문학관＝문학집'인 셈이에요. 그리고 '기념' 이란 기리는 일이고, '문학'이란 글이에요. '기념관·문학관'은 '기림 집·글집(이야기집)'이라고도 할 만해요.

　10월 9일은 '한글날'이에요. 5월 5일은 '어린이날'이지요. 한글날 이나 어린이날은 한글이나 어린이를 기리는 날이에요. 이날을 두 고 '한글기념일'이나 '어린이기념일'처럼 말하지 않아요. 그냥 '날'이 라 하지요. 이 얼거리를 헤아리면서 한글을 기리는 곳에 이름을 새 로 붙인다면 '한글＋집＝한글집'이 됩니다.

"권정생 집·이원수 집"은 "권정생 문학집·이원수 문학집"처럼 이름을 붙일 만하고, "권정생 동화집·이원수 동화집"처럼 이름을 붙일 만해요. 권정생 님을 기리는 곳에는 "권정생 동화나라"라는 이름이 붙어요. 이렇게 '나라'를 붙여도 되고(동화나라·문학나라), '누리'를 붙여도 됩니다(동화누리·문학누리).

도시에는 '근린공원'이라는 데가 조그맣게 있어요. 한자말 '근린(近隣)'은 '가까운'을 뜻해요. 그러니까 "가까운 공원"이라는 뜻으로 근린공원 같은 이름을 쓰는 셈이에요. 집에서 가까이 찾아갈 만한 공원이라 할 텐데, '이웃공원'이나 '손바닥공원'이나 '마을공원'처럼 이름을 붙이면 한결 나아요.

'공원'은 어떤 곳일까요? 풀밭이나 잔디밭이 있고, 나무와 걸상이 있어요. 천천히 거닐거나 앉거나 누워서 쉬어요. 놀이기구나 운동기구를 놓기도 해요. 곧 공원이란 '쉬는 터이거나 노는 터'입니다. 마을에 있는 작은 공원이라면 '작은놀이터·작은쉼터'나 '마을놀이터·마을쉼터'라는 이름을 붙일 만해요. 큰 공원은 '큰놀이터·큰쉼터'라는 이름을 붙이면 돼요. 꽃나무가 많다면 '꽃놀이터·꽃쉼터' 같은 이름을 붙일 수 있어요. 어린이가 마음껏 뛰놀 만한 자리일 적에는 '놀이마당(작은놀이마당·큰놀이마당)' 같은 이름을 쓸 만해요.

책을 빌리거나 읽으려고 도서관에 가곤 해요. 도서관에는 '중앙

노서관·국립노서관·시립도서관·구립도서관·군립도서관' 같은 이름이 붙어요. '시립도서관'은 "시에서 세운 도서관"이라는 뜻이에요. 좀 싱겁지요? '국립·시립·구립·군립'은 일본에서 이름을 붙일 적에 흔히 쓰는 한자말이에요. 한국은 일본이 아니니 한국말로 '나라도서관·시도서관·구도서관·군도서관'이라고만 해도 돼요. 그리고 '시·구·군' 같은 말을 쓰기보다는 '서울도서관·종로도서관·고흥도서관'처럼 고장이나 고을 이름을 붙이면 한결 알아보기 좋아요. '부산도서관'이라면 부산시에서 세운 도서관이고, '동래도서관'이라면 부산에서도 동래구에서 세운 도서관이에요.

도서관은 어떤 곳일까요? 책이 있는 곳이에요. '도서'는 '책'을 가리키는 여러 가지 한자말 가운데 하나예요. 책을 파는 곳은 '책가게'이면서 '책집'이에요. '집'은 장사를 하는 곳뿐 아니라 어떤 것을 모아 놓는 자리도 가리켜요. 그래서 도서관도 '책집'이에요. '서울책집'이나 '부산책집'처럼 이름을 붙일 만하지요. 다만, 도서관이라는 곳을 돋보이도록 하자면 '서울책마당집'이나 '서울책터'처럼 새롭게 이름을 지을 수 있어요. 책으로 한마당을 이루는 집이라는 뜻으로 '책마당집'이고, 책이 있는 터전이라는 뜻으로 '책터'예요. 또는 '서울책나라·부산책누리'처럼 '나라'나 '누리'를 붙여서 도서관이라는 곳에 새로운 이름을 붙일 수 있습니다.

영화를 보러 간다면 '영화집'이나 '영화터'에 간다고 할 수 있겠지요? 그림을 보러 간다면 '그림집'이나 '그림터'에 간다고 할 수 있을 테고요? 연극이나 공연을 보러 가면 '연극집·공연터'에 간다고 하거나 '연극마당·공연마당'에 간다고 할 만해요. 자리를 깔고 펼치는 연극이나 공연에는 '마당'이라는 이름이 잘 어울려요. 작은 자리나 건물이라면 '작은마당'이고, 큰 자리나 건물이라면 '큰마당'이나 '한마당'이에요.

이제 박물관에도 가 볼까요? 박물관에 붙은 '관'은 '집'이라고 했지요? 그러니 '박물집'이 될 텐데, 한자말 '박물(博物)'은 "여러 물건"을 뜻해요. 다시 말하자면 박물관은 여러 물건을 모아 놓은 집이에요. 그리고 박물관에서 모은 물건은 우리가 여느 때에 쓰던 살림살이랍니다. 옛사람이 쓰던 살림살이(물건)가 오늘날에는 '유물'이 되는데, '유물'은 "남은 물건"을 뜻해요. 오랫동안 살아남은 살림살이를 건사한 집이 박물관인 셈이에요.

그러면 우리는 어떤 이름을 즐겁게 지어 볼 만할까요? '살림누리·살림터·살림누리집'은 어떨까요? '옛살림집·옛살림터·옛살림누리'나 '오랜살림집·오랜살림터·오랜살림누리' 같은 이름도 생각해 볼 만해요.

우리가 누리는 살림살이가 바로 문화예요. 손수 지어서 가꾸는 살림살이가 늘 문화예요. 어떤 살림살이가 있을 때에 삶이 즐거울까 하고 마음속으로 그리기에 하나씩 살림을 지어요. 마음으로 빚은 '그림'에 따라 살림을 펴요. 집에서는 '살림그림'을 그리고, 마을에서는 '마을그림'을 그리며, 나라에서는 '나라그림'을 그립니다. 큰 그림을 그리기에 큰일을 해요. 꿈을 그리기에 꿈을 이루어요. 이러한 '그림'은 '문화'이면서 '계획'이랍니다.

11

이음고리가 되어 살가운 말

누리그물 · 누리글 · 누리날개 · 누리놀이 · 누리님 · 셈틀 · 열린터 · 풀그림

컴퓨터를 켜면 새로운 물결이 일렁입니다. 아니, 컴퓨터는 전기를 꽂아서 켜는데 무슨 물결이 일렁이느냐 하고 묻는 어린이가 있을 테지요? 여기에서 말하는 '물결'이란 "새 흐름"을 빗대는 이야기예요. 컴퓨터나 손전화를 켜서 들여다보는 '인터넷'은 우리가 두 발로 디디고 두 손으로 짓는 살림터하고는 사뭇 다르면서 새로운 터전이라고 할 만해요. 그래서 이 '인터넷 공간'은 '누리'라는 낱말을 빌려서 나타내요. 인터넷은 '누리그물'이 되어요. 영어로 '인터넷 홈페이지'는 한국말로 '누리집'이에요. 인터넷을 즐기면서 이 '누리집'에서 이야기꽃을 피우는 사람은 '누리꾼'이라 하지요. 저는 '누리꾼'보다는 '누리님'이라는 낱말을 즐겨 써요. 일꾼이나 살림꾼 같은 낱말

에서 쓰는 '-꾼'인데, 누리그물에서 마주하는 이웃은 '이웃님'이라고 느끼고 서로 '이웃님'이라고 부르기도 하기에 '누리님'이라는 이름이 한결 잘 어울리겠다고 느껴요. 인터넷에서 주고받는 편지는 '누리편지·누리글월'이에요. 인터넷에 연 모임은 '누리모임'이고, 인터넷에 올리는 글은 '누리글'이에요.

새로운 물결인 '새물결'을 열면서 즐겁게 누리는 인터넷이기에 '새누리'를 연다고 할 수 있어요. 누리그물은 '누리나라'이면서 '새누리'라 할 만한데, '온누리'를 새롭게 잇는 징검다리가 된다고도 할 만합니다.

전남 고흥에서 사는 시골 동무를 서울이나 인천에서 누리그물을 거쳐 사귈 수 있습니다. 미국에 사는 동무를 일본이나 헝가리나 핀란드에서 얼마든지 사귈 수 있습니다. 우리가 비행기를 타고 필리핀으로 나들이를 가더라도 한국에 있는 동무하고 얼마든지 누리그물이라는 이음고리(징검다리)를 거쳐서 만나거나 말을 섞을 수 있고, 사진도 주고받을 수 있어요.

이 나라에 컴퓨터라는 물건이 처음 들어오던 무렵, 이 컴퓨터를 다루던 젊은 일꾼은 '셈틀'이라는 낱말을 새로 지었어요. '틀'은 기계를 가리키는 말이에요. 뜀틀이나 재봉틀이나 베틀 같은 자리에 쓰지요. 빨래하는 기계는 '빨래틀'이 되고요. '셈+틀'이라는 얼거리로 컴퓨터에 새 이름을 붙인 까닭은 두 가지인데, 첫째는 '숫자 세기(이진법)' 때문이에요. 컴퓨터는 이진법 숫자로 모든 것을 읽거든요. 그래서 셈틀이에요. 둘째는 '셈(세다)'이라는 낱말은 '생각(생각하다·헤아리다)'에서 비롯했기 때문이에요. "숫자 셈"으로 움직이는 컴퓨터라지만, 마치 사람 머리처럼 "생각하는 몸짓"이 되어서 새로운 누리로 우리를 이어 준다는 뜻에서 '셈틀(생각틀·슬기틀)'이라는 이름을 붙였어요.

셈틀을 움직이려면 프로그램이 있어야 해요. 프로그램이라는 낱말에는 '풀그림'이라는 이름을 새로 붙였어요. 풀로 붙이는 그림도 풀그림이 될 텐데, 셈틀에서 쓰는 풀그림은 "풀어내어 새로 짜거나 엮은 그림"이라는 뜻이에요. 온갖 기호로 짜거나 엮은 프로그램이 셈틀을 움직인다는 결을 살피면서 풀그림이라 했지요. 영어하고 말소리도 비슷하면서 느낌이나 뜻이 재미있지요?

누리그물이 이 나라에 처음 들어올 무렵에는 온통 영어로 된 말밖에 없었지만, 1980년대 끝무렵부터 오늘날까지 차근차근 슬기롭게 생각을 밝히면서 이모저모 새로운 이름을 지어서 써요. '로그인·로그아웃'은 '들어가기·나가기'로 손질했고, '업로드·다운로드'는 '올리기·내리기(내려받기)'로 손질했어요. '리플'도 '댓글'이나 '덧글'로 손질했지요. 페이스북이나 트위터 같은 '누리날개(누리나래)'에서 '팔로우'나 '팔로잉'을 한다고도 하는데, 이런 말도 '이웃되기·동무되기'라든지 '이웃·친구' 같은 말로 즐겁게 손질할 수 있어요.

그리고 'favorite'은 '즐겨찾기'로 손질했는데, '즐겨+찾기' 꼴로 새 낱말을 지을 만하구나 깨달으면서 '즐겨가기'나 '즐겨먹기'나 '즐겨쓰기'처럼 새롭게 살려서 쓸 수도 있지요.

누리집을 둘러보다가 처음으로 돌아갈 적에는 '처음으로'라는 이름을 적은 단추(아이콘)를 누르면 돼요. 아직 '홈·home'이라는 영어를 쓰는 어른이 많지만, 이 대목도 앞으로 바꿀 만하리라 느껴요. 예전에는 '약도·map'이라는 말을 자주 썼지만 요새는 '오시는

'찾아오시는길'처럼 한국말로 한결 쉽고 부드러이 고쳐서 쓰는 어른이 매우 많아요.

누리그물은 열린 터예요. '열린터'나 '열린누리'라고도 할 수 있어요. '열린터·열린누리'는 바로 '아고라·광장'을 가리키지요. 누구나 들어갈 수 있고, 얼마든지 모일 수 있으며, 누구나 얼마든지 어떤 목소리든 낼 수 있어요. 새롭게 꿈을 펼칠 수 있고, 즐겁게 이야기를 나눌 수 있어요. 웃음꽃을 피우는 '누리터'가 될 만하고, 재미난 누리모임을 세워서 씩씩하고 슬기로운 누리지기 노릇을 할 수 있습니다. 어린이 여러분은 앞으로 새로운 '누리말(인터넷 용어)'을 그야말로 곱고 멋지게 지을 수 있어요. 즐겁게 누리동무를 사귀는 누리님이 되면서 누리넋을 가꾸어 보셔요. '누리놀이(인터넷 게임)'를 알맞게 즐기는 '누리살이(인터넷 생활)'로 보듬으면서 누리사랑을 펼쳐 보셔요.

12

탈것을 누리며 마실하는 말

널방아·부름차·쇠돈·아기수레·왼돌이·이음목·타는곳·하늘길

쇠돈을 몇 넣으면 위아래나 옆으로 움직이는 말이 있어요. 두어 살이나 서너 살인 동생을 둔 어린이라면 어린 동생이 이런 '말타기'를 무척 즐기는 줄 알리라 생각해요. 어린이 여러분도 두어 살이나 서너 살 무렵에는 이 같은 말타기를 몹시 즐겼을 테고요. 두어 살이나 서너 살 무렵에 무엇을 타고 놀았는지 생각나나요?

놀이터에 쇠돈 넣는 말이 있을 수 있지만, 우리는 쇠돈을 안 넣어도 움직이는 말을 늘 곁에 둡니다. 뭘까요? 쇠돈을 안 넣어도 위아래로 움직이고 앞뒤로 나아가기도 하는 말은 무엇일까요? 바로 어머니나 아버지이지요. 어린이 여러분이 아기일 적에 어머니나 아버지는 언제나 '사람 말'이 되어 말타기 놀이를 해 주었어요. 들

을 가로지르며 달리는 말이 되어 등을 내주지요. 어린이 여러분은 바로 '어버이 등'을 말등으로 여기면서 타고 놀지요.

무척 어린 아이는 '아기수레'를 탑니다. 아기를 태우는 수레이기에 아기수레예요. 짐을 실으면 짐수레지요. 이 짐수레 가운데 바퀴가 하나이면 외발수레요, 바퀴가 둘이면 두발수레입니다.

아기가 차츰 자라 아이로 거듭나면 바야흐로 자전거를 타요. 어버이가 앞에서 끌거나 뒤에서 밀어야 하기도 하지만, 이내 혼자서 발판을 잘 구르면서 달릴 수 있어요. 세발자전거도 타고 네발자전거도 타지요. 다릿심과 팔심이 제법 단단히 붙으면 두발자전거로 꽤 먼 데까지 오갈 수 있습니다.

마을이나 학교에는 따로 놀이터를 마련합니다. 어린이 누구나 신나게 뛰놀 터가 있어야 기운차게 자랄 수 있으니까요. 놀이터에는 그네도 있고 사다리틀도 있어요. 옛날에는 널 한가운데에 받침을 두고 널뛰기를 했어요. 아주 오래된 놀이인 널뛰기예요. 요새는 놀이터에 '널방아'가 있어요. 널방아는 뭘까요? 기다란 쇠막대에 걸상이 있고, 오르락내리락하는 놀잇감이 바로 널방아랍니다. 널방아에는 영어로 '시소'란 이름도 있고 '오르락이'나 '오르락틀'이나 '오르내림틀' 같은 이름도 붙일 만해요.

놀이터에 있는 사다리틀은 사다리처럼 타고 오르는 틀이고, 구름사다리(구름사다리틀)는 두 손으로 쇠막대를 하나씩 움켜쥐며 하

눈을 밟기 소리가 나아가는 틀이에요. 미끄럼을 타는 미끄럼틀이 있고, 뛰어오르도록 돕는 뜀틀이 있어요. 자, 여기에서 잘 살펴보면 우리가 놀잇감으로 삼는 것에 으레 '틀'이라는 말이 붙어요. '틀'은 '기계'를 가리키는 한국말이랍니다. 바느질을 수월하게 돕는 재봉틀이 있고, 천을 짜는 베틀이 있어요. 노래방에 가면 노래가 나오는 기계가 있는데, 이 기계는 '노래틀'이라 해 볼 수 있어요.

어린이는 놀이터에서 여러 가지를 타면서 놉니다. 그네도 미끄럼도 널방아도 사다리도 모두 '타다'라는 낱말로 가리켜요. 어른은 어린이하고 달리 다른 '탈것(탈거리)'을 즐겨요. 이를테면 오늘날 아주 쉽게 볼 수 있는 자동차가 있어요. 찻길을 자동차가 씽씽 달리지요. 짐이 있어도 짐칸에 거뜬하게 실어요. 짐을 따로 많이 실을 수 있는 자동차는 '짐차'라고 해요. 그러면 짐을 싣는 일보다 사람이 즐겁게 타는 자동차에 어떤 이름을 붙이면 잘 어울릴까요? '사람차'? '마실차'나 '나들이차'? 어른들은 '승용차'라는 이름만 쓰는데 어린이 여러분이 슬기롭게 새 낱말을 빚어 볼 수 있기를 바랍니다.

여러 가지 차 가운데에는 땅을 파는 삽차가 있고, 여러 사람이 함께 타고 움직이는 버스가 있으며, 우리가 가려는 곳으로 태워 주는 택시가 있어요. '포클레인'이라는 차는 '삽차'로 새 이름을 붙여 주었는데, 여러 사람이 타는 '버스'나 몇 사람을 태우고 어디로든 달리는 '택시'에는 새 이름을 아직 못 붙였어요. 택시 가운데 전화로 불러서 타는 택시는 '부름택시'라 하지요. 어쩌면 택시는 '부름 차'라고도 할 만합니다. 버스나 택시라는 이름은 그대로 써도 되는데, 우리가 '트럭'하고 '포클레인'에 새 이름을 붙였듯이 앞으로 얼마든지 새로운 말을 지을 수 있으리라 생각해요.

기차를 타는 곳은 '기차역·역'이라 하고, 배를 타는 곳은 '항구'라 하며, 버스를 타는 곳은 '터미널'이라고 해요. '정류소·정류장'이라는 말도 써요. 택시를 타는 곳에는 '택시타는곳'이란 이름이 흔히 붙습니다. 우리는 '정류소·정류장·승강장'을 '타는곳'으로 고쳐서

쓸 수 있어요. 기차를 타는 곳이라면 '기차타는곳'이면서 '기차터'라 할 만하고, 버스를 타는 곳이라면 '버스타는곳'이나 '버스터'라 할 만하지요. 배를 타는 곳은 예부터 '나루터'라 했어요. 비행기를 타는 '공항'에는 어떤 이름을 붙일 만할까요? 한번 슬기롭게 생각해 보셔요.

우리는 차를 타고 '빠른길'을 달립니다. 고속도로가 바로 '빠른길'이에요. 빠른길을 달리다가 '쉼터'에서 쉬지요. 빠른길을 달리다 보면 다른 길로 나가고 들어오는 '나들목'이 나와요. 전철이나 지하철을 보면 갈아타는 곳이 있는데, "갈아타는 곳"은 '이음목'이라고 할 만해요. 두서너 기찻길(전철길)을 잇는 곳이니까요.

찻길이 좁으면 외길입니다. 찻길을 차츰 넓혀 '두찻길(이차선)'이 되고 '네찻길(사차선)'이 됩니다. 세 갈래 길이 만나는 '세거리'가 있고, 네 갈래 길이 만나는 '네거리'라든지, 다섯 갈래 길이 만나는 '닷거리(다섯거리)'가 있어요. 차를 타고 왼쪽으로 꺾으니 '왼길'로 돕니다. '왼돌이(좌회전)'이지요. 오른쪽으로 꺾어 '오른길'로 돌면 '오른돌이(우회전)'예요. 앞으로 곧게 나아가면 '곧은길'을 가니 '곧게 간다(직진)'고 합니다.

온갖 탈것을 누리면서 나들이를 즐겁게 했나요? 그러면 이제 차에서 내려 하늘을 봐요. 두 팔을 활개치듯이 벌려 보아요. 바람을 타고 날아 볼까요? 싱그러이 부는 바람에 몸을 맡기고 하늘을 난다면 구름도 타고 무지개도 타겠지요. 나비처럼, 제비처럼, 벌이나 잠자리처럼, 우리도 가볍게 바람 타고 구름 타고 무지개 타고 '하늘길'을 멋지게 누린다면 무척 재미있으리라 생각해요. 자동차를 타고 '땅길'이나 '뭍길'을 달릴 수 있고, 배를 타고 '바닷길'을 가를 수 있는데, 씩씩하게 걷는 '땅길·뭍길'이나 즐거이 헤엄치는 '바닷길'도 낼 수 있어요.

이름마다 서린 그윽한 말

만들다 · 빚다 · 손질 · 짓다 · 일컫다

장난감을 갖고 놀거나 소꿉놀이를 하다 보면 방바닥이나 마룻바닥은 어느새 장난감으로 가득합니다. 이것저것 갖고 노는 사이 장난감은 하나둘 밖으로 나와요. 놀다 보면 얼마든지 어지러워질 수 있습니다. 놀이에 담뿍 빠져들다가 우리도 모르게 늘어놓는 놀이살림이 되어요. 이럴 때 어른들은 살며시 눈살을 찌푸리면서 걱정하지요.

"얘야, 다 놀고 치울 수 있지?" 어른들은 함께 놀기보다는 언제 이 놀이살림을 정갈하게 치우느냐를 먼저 생각하기 일쑤예요. 함께 놀고서 함께 치우면 한결 재미날 텐데 말이지요. 아무튼 즐겁게 놀고서 즐겁게 치우면 됩니다. 기쁘게 논 뒤에는 기쁜 마음이 되어 기쁜 몸짓으로 차곡차곡 갈무리하면 돼요.

어린이 여러분이 갖고 노는 거의 모든 장난감은 공장에서 옵니다. 옛날에는 어른들이 칼로 나무를 하나하나 깎고 다듬고 마름하고 손질해서 지었어요. 나무토막 하나도, 나무로 깎은 인형 하나도, 참말 품을 들이고 손을 써야 나옵니다. 오래도록 잘 갖고 놀라면서 나뭇조각에 물감을 입히기도 하지요. 손품을 들여서 살림을 하나씩 짓고, 다리품을 들여서 살림을 찬찬히 마련해요.

오늘날은 틀에 맞추어 똑같이 척척 '찍는' 장난감이자 물건입니다. 한꺼번에 똑같은 것을 잔뜩 '만드는' 셈이지요. 학교에서는 때때로 '만들기' 숙제를 내곤 하는데, 이는 손이나 몸이나 연장을 써서 어떤 것이 나타나게 합니다. 우리가 어떤 것을 새롭게 나타나도록 할 적에는 '짓다'라는 낱말을 써요. '밥짓기·옷짓기·집짓기'처럼 밥이나 옷이나 집은 '짓다'라는 낱말로 가리켜요. '농사짓기·이름짓기·글짓기·시짓기'처럼 쓰며, '웃음짓기·눈물짓기·한숨짓기'뿐 아니라 '줄짓기·약짓기·짝짓기'처럼 써요.

요즈음은 요리나 책이나 영화나 동무를 '만든다'라는 낱말로 잘못 쓰곤 해요. 요리나 밥은 '하다·짓다'로 말해야 옳고, 책은 '엮다·짓다'로, 영화는 '찍다'로, 동무는 '사귀다'로 말해야 옳아요.

우리 손길을 타면서 태어난 것에는 우리가 손수 이름을 붙여요. 우리가 스스로 땀을 흘려서 짓거나 가꾸거나 빚거나 거둔 것에도 우리가 손수 이름을 지어 주지요. 우리가 늘 먹는 '밥'이라는 이름도 밥을 짓는 살림꾼이 지었고, '쌀'이나 '보리'라는 이름도 쌀이랑 보리를 손수 짓고 가꾼 사람들이 지었어요. 풀이나 나무 이름도 풀이나 나무를 아낀 사람들이 손수 붙인 이름이고, 새나 벌레나 짐승 이름도 새나 벌레나 짐승을 아낀 사람들이 기쁨으로 붙인 이름이에요.

우리가 손수 새롭게 지은 것이니 이름을 새롭게 '짓'습니다. 우리가 손수 돌보고 아낄 것이니 이름을 즐겁게 '붙'입니다. 어버이는 우리를 고운 이름으로 '부릅'니다. 이름을 짓고 붙이며 불러요. 이

름을 지어서 부른다거나 어느 것을 가리켜서 말한다고 할 적에 '일컫다'라고 해요. 이를테면 "우리 할아버지는 글씨를 잘 쓰셔서 '글씨 할아버지'라고 일컬어요."라든지 "나를 꼬마라 일컫지만, 몸은 작아도 야무지지요."처럼 써요.

　이름을 짓는 일이라면 '이름짓기'예요. 우리는 우리 나름대로 새 이름을 지을 수 있어요. 인터넷에서 쓰는 '누리이름'이나, 글을 쓸 적에 글쓴이 이름으로 붙이는 '글이름'을 지을 만합니다. 놀이를 할 적에 우리끼리 서로서로 새 이름을 붙여 볼 수 있어요. 이때에는 '놀이이름'이 되겠지요.

　동무끼리 '별명'으로 부르기도 하지요? '별명'은 "다른 이름"을 뜻하는 한자말이에요. 우리 어버이가 붙인 이름이 아닌 '다른' 이름이라는 뜻에서 '별명'이니 '딴이름'처럼 써 볼 수 있어요. 또는 귀엽게 부른대서 '귀염이름'이라 할 만하고, 사랑스레 부른대서 '사랑이름'이라 할 만해요.

　꽃을 바라보며 꽃이름을 혀에 얹어 봅니다. 풀을 마주하며 풀이름을 입에서 굴려 봅니다. 나무한테 붙은 '나무이름'을, 별한테 붙은 '별이름'을, 새한테 붙은 '새이름'을 가만히 헤아려 봅니다. 사람한테는 '사람이름'이 있고, 책한테는 '책이름'이 있어요. 우리를 둘러싼 모든 것에는 저마다 이름이 다 있어요. '이름'은 '이르다'에서 온 낱말이에요. '이르다'는 '말하다'하고 뜻이나 결이 같아요.

이름마다 서린 그윽한 말

곰곰이 생각해 봐요. '이르다=말하다'라면 '이름=우리가 말로 나타낸 것'인 셈이겠지요? 우리가 말로 나타내기에 '이름'이 되어요. 고운 마음을 말에 얹어 나타내면 고운 이름이 되고, 미운 마음을 말에 실어 나타내면 미운 이름이 되어요.

우리는 어떤 말을 하면서 어떤 이름을 쓸 적에 서로 즐거우면서 아름다울까요? 우리가 쓸 이름은 우리 스스로 새롭게 붙이거나 지을 수 있을까요? 우리가 이름으로 짓는 말에는 우리 나름대로 슬기로움과 사랑스러움을 잘 담아내는가요?

공장에서 똑같이 찍어서 파는 물건에는 이 물건을 만든 회사에서 이 물건을 더 많이 팔려는 뜻으로 이름을 붙입니다. 이 물건을 쓰는 사람은 돈을 치러서 쓸 뿐이니 스스로 이름을 붙이지 않아요. 공장에서 나오는 대로 이름을 받아들여요. 다른 나라에서 사들이거나 들여온 것을 놓고도 이와 같아요. 우리가 스스로 생각하면서 받아들인다면 우리 나름대로 새로운 이름을 붙이지만, 우리가 아무 생각이 없이 쓰기만 한다면 다른 나라에서 붙인 이름을 그대로 써요.

물건에 붙이는 이름이란 바로 우리가 기울이는 마음이라고 할 수 있어요. 남들이 가리키는 대로 똑같이 말할 수 있지만, 우리 보금자리나 마을이나 고장에서는 우리 나름대로 새 이름을 붙여서 한결 아끼는 마음이 되어서 쓸 수 있어요. 고장말이나 사투리는 바

무 모든 살림을 스스로 짓던 삶에서 태어난 말이에요. 똑같은 한 가지를 놓고 지난날에는 고장이나 마을이나 마을마다 다 다른 이름으로 가리켰어요. 왜냐하면 물건으로는 모두 똑같다 할 테시민, 예전에는 집집마다 마을마다 사람들이 저마다 손수 지어서 알뜰살뜰 가꾸고 누리던 살림살이였기 때문입니다.

장난감 하나를 '공장에서 찍은 것'을 돈만 치러서 장만한 뒤 갖고 논다면, 장난감 회사에서 붙인 이름대로 장난감 이름을 삼겠지요. 장난감 하나를 '우리가 손수 나무를 깎고 손질해서 빚어'서 갖고 논다면, 우리는 이 장난감에 우리 사랑을 듬뿍 담은 이름을 붙여 주겠지요.

14

믿음을 보듬는 말

넋 · 부뚜막할매 · 비손 · 서낭 · 신 · 얼 · 지킴이 · 한울

어느 한 가지에 폭 빠지면 둘레가 아무리 시끄러워도 못 알아채거나 못 느끼기 마련이에요. 이런 일 흔히 겪지요? 이를테면 손전화로 쪽글을 보내거나 영화를 보거나 게임을 할 적에 오직 쪽글이나 영화나 게임에 빠져서 다른 소리를 못 듣곤 해요. 때로는 앞에 뭐가 있는지 느끼지 않고 보지도 않다가 그만 전봇대나 벽이나 다른 사람한테 쿵 부딪히기도 하고요.

이처럼 어느 일이나 놀이에 푹 빠져들면 흔히 '신'이 나기 마련이에요. 신나서 놀면 해가 떨어진 줄 모르기도 하고 배고픈 줄 잊기도 해요. 그런데 마음이 밝거나 가볍지 않다면 '신나는' 놀이라고 하기 어려워요. 신나게 어떤 놀이나 일을 할 적에는 가볍고 밝은 마음이기에 웃음이 저절로 피어나요. '신명'이 날 적에는 어깨춤이 절로 나기 마련이고, '신바람'이 날 적에는 콧노래뿐 아니라 우렁찬 목소리로 노래까지 터져나오기 마련이고요. 웃음이나 춤이나 노래가 없이 푹 빠져들 적에는 '신'이 나서 한다기보다 그냥 '푹 빠진다'거나 '확 사로잡힌다'고 할 만합니다.

어른들은 어린이더러 밝고 튼튼하며 씩씩하게 자라기를 바란다고 말하지요. 마음껏 뛰놀아야 온몸이 고르면서 알맞게 자란다고 말해요. 어린이가 마음껏 뛰놀 만한 터전이 되도록 어른들은 보금자리나 마을을 알뜰살뜰 가꾸려고 힘을 씁니다. 어린이를 사랑으로 보살피려는 어른이요 어버이인 터라, '돌봄이'나 '지킴이'가 된다고 할 만해요. 그런데 '지킴이'라는 말은 "지키는 사람"이라는 뜻 말고도 예부터 "집을 지키는 숨결이나 넋"을 가리키기도 해요.

요새는 흔히 도시에서 아파트나 단독주택이나 연립주택에서 살지요? 얼마 앞서까지 한국도 도시 한복판에까지 짚으로 지붕을 인 풀집(초가)이 꽤 있었어요. 풀집에 얹는 짚이란 가을에 논일을 마치면서 거두는 나락을 훑으면서 '알맹이(벼알)를 떨군 볏줄기'를 말린 것을 가리켜요. 풀집살림을 짓던 지난날에는 서까래에 구렁이도 살고 참새도 살았어요. 지네도 거미도 한집에서 살았고요. 설마 구렁이나 거미나 지네가 무섭나요? 옛사람은 이들을 하나도 무서워하지 않았어요. 더구나 구렁이는 쥐나 개구리를 잡아먹었고, 독이 없어요. 고양이처럼 쥐를 잘 잡는 멋진 이웃이에요. 이런 구렁이도 '집지킴이' 가운데 하나예요. 부엌을 지키는 '부뚜막할매(조왕할매·조왕·조왕신)'나, 집터를 지키는 '터주님(터주·터주신·터줏대감)'이나, 뒷간인 화장실을 지키는 '뒷간신(노일저대·정낭각시·측신)'도 여러 '집지킴이(가택신·가신)' 가운데 하나랍니다. 가만히 보면 옛날에는 모든 살림살이마다 '집을 지키는 숨결이나 넋'이 깃든다고 여겼어요. 싸리로 엮는 싸리비나 수수로 엮는 수수빗자루에도 넋이 깃든다고 여겼지요.

동이 틀 무렵 맑은 물 한 그릇을 떠서 두 손을 비는 모습을 본 적이 있나요? 예전에는 하루를 열면서 흔히 어머니가 이처럼 '맑은 물 한 그릇' 앞에서 두 손을 고이 모아 '비손'을 올렸다고 해요. 하루를 기쁨으로 열고, 이 하루에 아름답고 사랑스러운 기운이 퍼지기를 바라는 뜻을 올린다고 할 수 있어요. 비손이라는 낱말은 '빌다+손'으로 엮었으리라 여겨요. "비는 손"이라는 뜻이에요. 요즈음은 예배당이나 절에 가서 '기도'를 한다고 말하잖아요? 祈禱라는 한자를 쓰는 '기도'인데, 祈나 禱 모두 '빌다'를 뜻해요. 한자말 '기도'는 "빌고 빌다"를 가리키는 셈이에요. 종교가 없던 아스라한 옛날부터 우리 겨레는 '비손'을 하면서 꿈을 고요히 말하고 가만히 그리면서 하루를 열었지요.

마을마다 있던 '서낭'이라든지 '장승'은 바로 예부터 누구나 홀가

분하게 비손을 하면서 꿈을 돌아보도록 이끄는 자리였다고 할 수 있어요. 누가 가르치거나 알려주지 않아도 마음속으로 느껴서 꿈을 되새기도록 돕는 자리인 서낭이나 장승이라 할 만해요. '서낭'은 땅과 집과 마을을 지켜 주는 '님'을 가리키는 이름이고, 서낭을 모신 곳을 '서낭집(서낭당)'이라 해요. 서낭집은 잔돌을 고이 쌓은 돌무더기로 나타내기도 해요. '장승'은 돌이나 나무를 깎아서 암수 두 가지로 마을 어귀에 세우지요. 장승을 세워서 이곳이 어느 마을이라고 알리기도 하고, 이 앞으로 궂거나 나쁜 기운은 들어오지 말라는 뜻을 나타내기도 해요.

'하느님'이라는 낱말은 아주 오래된 한국말이랍니다. 까마득히 먼 옛날부터 흔히 쓰던 낱말이에요. '하늘+님'으로 지은 낱말인 '하느님'이고, '하늘'은 '한+울'이에요. 그래서 '하느님'이라는 낱말은 '하늘님'이나 '한울님'을 가리키는데, 하늘은 바로 새파랗게 눈부신 바람이고, 한울은 '1(한)＋1,000,000,000,000(울)'이면서 '크다(한)＋너머(울·울타리)'예요. 우리는 바람을 마시며 살잖아요? 이 바람이 바로 하늘이랍니다. "큰 울타리"나 "저 너머 너른 곳"인 한울이지요. 그러니 '하느님'이라는 낱말은 온누리를 새롭게 지은 아름답고 사랑스러우며 크고 하나인 님을 가리키는 이름이에요.

동무더러 한번 이렇게 말해 보셔요. "너는 하느님 같구나." 이 말은 종교 테두리를 넘어서면서 무척 멋진 말이에요. 한겨레는 '님'

　이라는 말을 붙여서 '동무님'이나 '이웃님'이나 '손님'처럼 쓰기도 하고, '땅님'이나 '풀님'이나 '바다님'이나 '꽃님'처럼 쓰기도 해요. 거룩하면서 예쁘고 반가우면서 사랑스럽기에 붙이는 '님'이에요. 옛날 사람들은 나라를 다스리는 사람한테도 '임금＋님'처럼 '임금님'이라는 이름을 붙여 주었어요. 위아래가 따로 없이, 높낮이가 딱히 없이, 누구한테나 '님'이라 했어요. 풀 한 포기하고 임금 한 사람도 똑같다는 마음으로 모두 '님'이었지요. 서로서로 아끼는 숨결이기에 상냥하고 즐거이 '님'을 붙였답니다.

　이리하여 이러한 모든 님은 기쁘게 '믿을' 만한 숨결이에요. 믿음을 바치고, 믿음을 받아요. 고우면서 사랑스러운 이웃이나 동무나 한식구이기에 '미덥다'고 해요. '믿음직하다' 같은 말은 참으로 반가우면서 멋지고 사랑스러운 사람한테 쓴답니다.

 우리들은 마음에 꿈을 그리는 숨결인 사람이에요. 몸을 움직이고 마음을 기울이는 기운인 '넋'이고, 마음에 깃드는 넋을 지키는 뼈대인 '얼'입니다. 느낌과 생각이 있는 자리가 '마음'이고, 이 마음에 느낌이나 생각을 넣어 '몸'이 움직여요. 숨(바람)을 쉬며 몸을 살리기에 '숨결'이고, 이 숨결이 깃든 사람은 '목숨'이 있지요.

사랑으로 살뜰히 쓰다듬는 말

그리다 · 다짐글 · 반하다 · 사랑 · 좋다 · 한사랑 · 홀리다

마음이나 뜻을 굳히면서 하는 말이 있어요. 이를 '다짐'이라 해요. 학교라면 '학교다짐(교훈)'이 되고, 학급이라면 '학급다짐(급훈)'이 되며, 집이라면 '집다짐(가훈)'이 되지요. 우리는 내 책상맡이나 자리에 '내 다짐'을 정갈하게 종이에 써서 붙일 만해요. 이 얘기를 들려주는 아저씨한테도 아저씨 나름대로 다짐이 있어서 아저씨 책상맡에 "사랑 피어나는 숲집"이나 "삶노래님"이나 "함께 기쁜 숲바람"이나 "새롭게 내 꿈이 되어라"나 "내가 그리는 곳에 내가 있다"나 "나를 사랑하라. 생각을 지어라. 꿈을 노래하라" 같은 글월을 적어서 붙여요. 아저씨는 꽤 여러 가지 다짐글을 붙인다고 할 만한데, 한 해 두 해 살면서 새로운 다짐을 차근차근 떠올렸어요. 여러 가

지 다짐은 여러 해를 살며 하나씩 태어나요. 아저씨는 집에서 두 아이를 살뜰히 아끼고 살가이 사랑하는 살림을 가꾸자고 생각하면서 이런 다짐말하고 저런 다짐그림을 자꾸 쓰고 그려요.

어린이 여러분한테는 어떤 다짐이 있을까요? 다짐은 있으나 책상맡에 글씨나 그림으로 그려서 붙이지는 않았나요? 아직 다짐이 따로 없이 하루를 여나요?

다짐으로 되새기려는 말은 늘 떠올리면서 몸짓이나 말짓이나 마음결을 가다듬으려고 하는 바탕이라고 할 만해요. 다짐하는 말이란 내가 나한테 들려주는 말이고, 내가 나를 사랑하면서 노래하는 말이라고 할 만하지요.

그러면 '사랑'이란 무엇일까요? 사랑하고 비슷하게 쓰는 '좋다'나 '그리다'는 무엇일까요?

'좋다'는 "마음에 들다"를 가리켜요. 아침밥이 마음에 들어서 아침밥이 좋을 수 있어요. 가게 간판에 적힌 글씨가 마음에 드니 좋을 수 있어요. 짝꿍이 마음에 들어서 좋을 수 있고, 공부가 마음에 들어 좋을 수 있으며, 놀이가 마음에 들어 좋을 수 있어요. 꽃이나 달이 마음에 들어 좋을 만하고, 자동차나 축구가 마음에 들어 좋을 수 있어요.

'좋아하다'는 "좋다는 느낌을 받다"를 가리켜요. 노래하기를 좋아하거나 글쓰기를 좋아할 수 있어요. 좋아하는 사람을 둘 수 있고, 좋아하는 과자나 빵이 있을 테며, 기쁨이나 즐거움을 한껏 드러내며 좋아할 수 있어요.

'그리다'는 보고 싶은 마음이 드는 모습을 가리켜요. 마음으로 아끼는 누구를 가만히 생각하면서 마음에 담기에 '그리다'예요. 그러면 '사랑'이란 무엇일까요? 마음에 들고 안 들고를 넘어서는 모습이 '사랑'이에요. 보고 싶거나 안 보고 싶은 마음을 넘어서기도 하는 모습이 '사랑'이지요. 넓으면서 크고 깊고 따스하게 맞이하거나 바라보려고 하는 모습이 '사랑'입니다. 어머니나 아버지는 아이를 '마음에 든다'고 하지 않아요. 아이를 꾸밈없이 맞이하고 받아들이며 아끼고 보살피지요. 어린이 여러분도 어머니 아버지를 '마음에 들어' 하기에 사랑하지 않아요. 서로 너그럽고 따스하면서 곱게 어루만지고 돌볼 줄 아는 마음이 될 때에 비로소 사랑하는 사이가 되어요.

'반하다'라는 말도 있어요. 누구한테 마음이 크게 끌려서 움직일 적에 '반하다'라는 말을 써요. 마음이 크게 끌린다기보다 어떤 꼬임에 빠져서 마음을 제대로 차리지 못할 적에는 '홀리다'라고 해요. 예쁜 모습이 마음에 드니 '좋다'이고, 예쁜 모습에 사로잡히니 '반하다'이며, 예쁜 모습을 보고는 넋을 잃으니 '홀리다'라 할 만해요. 예쁘거나 말거나 따지지 않으면서, 따사롭고 곱게 마주하려는 몸짓이라면 '사랑'이고요.

사랑으로 살뜰히 쓰다듬는 말 _ 107

누가 누구를 '아낀다'면 사랑스러운 마음입니다. 누가 누구를 '돌본다'거나 '보살핀다'면 이때에도 사랑스러운 마음이에요. 때로는 착한 마음이라 할 수 있고, 참다운 마음이라 할 수 있어요. 사랑은 '착함'하고 '참다움'이 함께 감도는 마음결이거든요. 착하면서 참다운 마음결이기에 아름답다거나 곱다고 해요. 그리고 착하거나 참다운 마음일 적에도 사랑스러운 마음결이 되고요. 아기를 돌보는 어버이가, 갓난쟁이를 보살피는 할머니 할아버지가, 또 어버이를 아끼는 어린이가, 그리고 할머니 할아버지를 깍듯이 모시면서 꼭 껴안는 어린이가, 언제나 '사랑'이라 할 수 있어요. 동무 사이에서

도 서로 아끼고 돌볼 줄 아는 몸짓이라면 웃음이 흐르는 사랑(동무사랑)이에요.

아직 어리거나 철이 덜 든 사랑이라면 '풋사랑'이에요. 풋풋한 풋사랑은 풋능금이나 풋열매처럼 많이 시답니다. 제대로 익지 않았으니까요. 뒤늦게 찾아오는 '늦사랑'이 있어요. 다른 일에 너무 바쁜 나머지 사랑을 잊고 살다가 뒤늦게 알아차리지요. 처음 맺은 사랑을 오래도록 가슴에 담는 '첫사랑'이 있어요. 한쪽에서만 외길로 흐르는 '외사랑'이라든지 '짝사랑'이 있고, 그야말로 온마음을 쏟는 '온사랑'이 있으니, 우리는 저마다 사랑노래를 부르면서 사랑살림을 짓습니다.

이웃을 돕기에 이웃사랑이에요. 마을을 아껴서 마을사랑이며, 나라를 헤아려 나라사랑입니다. 책사랑이나 글사랑이나 만화사랑이나 노래사랑이나 춤사랑이나 밥사랑이나 떡사랑이나 케이크사랑도 재미있어요. 하나가 되는 한사랑이 기쁘고, 크게 북돋우는 큰사랑이 반가우며, 지구를 아끼는 지구사랑이나 숲사랑이 고맙습니다.

살림을 알차게 건사하는 말

나라살림 · 반짇고리 · 살림꽃 · 세간 · 옷밥집 · 장이 · 쟁이 · 즐김이

'살림'은 여러 가지를 가리켜요. 먼저 우리가 한집안을 이루면서 사는 일을 '살림'이라고 해요. 즐겁게 보금자리를 마련하면서 아이를 낳아 삶을 돌보려 할 적에 '살림을 가꾼다'고 말해요. 마을을 휘휘 둘러보면 집이 많지요? 이 많은 집은 저마다 다르게 살림을 가꾸어요. 그래서 이 집들을 가리켜 '살림집'이라고도 합니다. 살림을 하는 집이라는 뜻이에요.

살림은 "살면서 누리거나 쓰는 돈이나 재산"을 가리키기도 해요. 넉넉한 살림이 있고 그럭저럭 괜찮은 살림이 있으며 가난한 살림이 있어요. 어린이 여러분한테 돈이 꽤 있으면 "돈이 많다"고도 할 테고 "살림이 넉넉하다"고도 할 수 있어요. 살림이 넉넉하면 이

웃이나 동무한테 넉넉히 나누어 줄 만하지요.

　살림은 "집에 둔 물건"을 가리키기도 해요. 옷장이나 책장도 살림이고, 책상이나 걸상도 살림이에요. 손전화나 셈틀도 살림이고, 밥그릇이나 공책도 살림이라 할 만해요. 빗자루나 수저도 모두 살림입니다. 이런 여러 살림살이를 놓고 따로 '세간'이라는 낱말을 써요. 살림을 하느라 쓰는 것을 '세간'이라 하지요.

　이러한 여러 가지 살림을 아기자기하거나 알뜰살뜰하게 잘 꾸리는 사람을 가리켜 '살림꾼'이라고 해요. 살림을 맡아서 하기에 '살림꾼'이 되기도 하지요. 흔히 '가정주부'라는 말을 쓰는데, 가정주부는 으레 집에서 일하는 어머니나 아주머니를 가리킨다면, '살림꾼'을 비롯해서 '살림지기'나 '살림님' 같은 이름을 새롭게 써 본다면, 어머니뿐 아니라 아버지나 아저씨나 할아버지를 가리킬 수 있고, 어린이 여러분 스스로를 가리킬 수 있어요. 더 헤아린다면, 살림을 곱게 잘 꾸리는 모습을 바라보며 '살림꽃'이나 '살림빛'이라 말할 만해요. '살림물결'이나 '살림바다' 같은 말도 재미나게 써 볼 만해요. '살림숲'이나 '살림누리'라는 말을 쓸 만한 자리도 있을 테고요.

　나라에서는 '나라살림'을 꾸립니다. 학교에서는 '학교살림'을 꾸려요. 학급에서는 '학급살림'을 꾸리고, 집에서는 '집살림'을 꾸리지요.

　살림은 함께 가꾸면서 함께 즐겁습니다. 비질이나 걸레질을 혼

자만 하면 힘들어요. 함께 하면 일손을 나눌 수 있기도 하고, 일을 빨리 마치며, 노래하면서 즐길 만해요.

살림은 남이 나한테 베풀어 주기에 늘지 않아요. 살림이 늘어나는 바탕은 언제나 스스로 지을 때입니다. 손으로 천천히 뜨개질을 하고, 손으로 나무를 만져서 천천히 책걸상이나 책꽂이를 짭니다. 헌옷을 알맞게 잘라서 걸레를 꿰맬 적에도 살림이 늘지요. 알뜰히 다스리고 살뜰히 건사할 적에 살림이 피어나요.

바느질이나 뜨개질을 함께 해 봐요. 우리가 입을 옷을 손수 뜨면 재미나요. 또 내가 손수 뜬 옷을 동무나 어머니한테 선물해 보셔요. 대단히 보람찹니다.

'반짇고리'가 있어요. '바느질고리'라고도 하는데, 바늘하고 실하고 골무하고 헝겊을 가지런히 담은 그릇을 가리키는 이름이에요. 반짇고리는 집 한쪽에 놓을 수 있고, 바깥을 다니다가 구멍난 자리를 기우려고 작은 주머니나 통으로 빚어서 챙길 수 있어요. 반짇고리도 자그마하면서 알찬 살림이에요.

설거지를 하는 수세미를 '수세미 풀이라는 씨앗'을 심어서 '수세미 열매'를 거둔 다음, 이 열매를 잘 말려서 쓴다면, 이때에는 '살림을 잘 돌본다'고 할 만해요. 물을 알맞게 다루면서 쓴다든지, 물건을 잘 건사하고 아끼면서 손질해서 오래도록 쓸 적에도 '살림을 잘 꾸린다'고 해요.

시골에서는 흙을 만지면서 쓰는 연장, 이를테면 낫·호미·가래·쟁기가 녹이 슬지 않도록 하면서 언제나 날이 잘 들도록 다룰 적에 '살림을 잘한다'고 해요. 시골뿐 아니라 도시에서도 옷을 깔끔하게 입고 빨고 말려서 정갈히 개는 몸짓이라든지, 신을 마구 신지 않고 제때에 알맞게 빨아서 오래 신는 매무새라면 살림을 잘 돌본다고 할 만해요. 연필을 부러뜨리지 않고 쓰고는, 몽당연필일 적에 자루를 붙여서 쓰면 이때에도 살림꾼 소리를 듣지요. 구멍이 나거나 뜯어진 옷을 손수 기워서 잘 입는다든지, 몸이 커지면서 작은 옷을 풀어서 천을 새로 대어 입을 줄 알아도 살림장이(살림을 잘하는 사람) 소리를 들어요. 가만히 살피면, 살림을 잘 꾸리는 사람은 '옷밥집'을 잘 꾸리는 사람이에요. 입을거리(옷)하고 먹을거리(밥)하고 살림살이(집)를 아울러 '옷밥집'이라고 해요.

집 안팎에서 살림살이를 가꾸기도 하고, 우리 생각을 나타내는 말을 북돋우거나 살찌울 수도 있어요. 생각을 넓혀서 새롭게 말을 할 줄 안다면 '살림말'을 쓰는 셈이에요. 쉬우면서도 고운 말을 살리고, 또렷하면서도 사랑스러운 말을 살릴 줄 안다면 '말솜씨꾼·말솜씨장이·말솜씨님'이 될 만해요. 이처럼 말을 잘 살리면 '말살림'이 알차요. 글을 잘 살리면 '글살림'이 알찰 테지요. 책방이나 도서관을 가꾸는 분은 '책살림'이 알찰 테고, 우리 어린이는 '놀이살림'을 알차게 건사할 수 있어요.

　참, 한국말에는 '장이'랑 '쟁이'가 있답니다. 어떤 일을 훌륭히 잘하는 사람을 보며 '장이'라고 해요. 아직 훌륭히 잘하지는 못하지만 어떤 일을 좋아하는 사람한테는 '쟁이'라고 하지요. 글을 훌륭히 잘 쓰거나 그림을 훌륭히 잘 그리면 '글장이·그림장이'예요. 그냥 글이나 그림을 좋아하면서 즐기면 '글쟁이·그림쟁이'이고요. 이른바 '장이'는 '프로·전문가'이고, '쟁이'는 '아마추어·초보자'라 할 수 있어요. 잘하거나 못하거나를 떠나서 그냥 즐기는 사람이라면 '즐김이'예요. '만화즐김이·영화즐김이·밥즐김이·빵즐김이·노래즐김이'라고 이름을 붙일 만해요.

텃밭에서 꿈꾸는 말

그릇밭 · 나눔밥 · 마음밭 · 봄걷이 · 터 · 텃새 · 한마당

 우리 곁에 늘 있는 새를 가리켜 '텃새'라고 해요. 철을 살펴서 이 땅에 찾아왔다가 떠나는 새를 두고 '철새'라고 해요. 텃새나 철새는 저마다 가장 살기 좋은 길을 살피면서 보금자리를 일구어요. 텃새로서는 '터'를 살피고, 철새로서는 '철'을 살피지요. 다만 텃새도 터뿐 아니라 철을 헤아리고, 철새도 철뿐 아니라 터를 헤아리는데, 텃새한테는 터가 가장 대수롭고 철새한테는 철이 더욱 대수로울 뿐이에요.
 집을 지을 적에는 늘 터를 먼저 살펴요. 터가 좋아야 보금자리를 좋게 잘 가꿀 수 있다고 여기기 때문이지요. 그래서 집은 '집터'를 따지지요. 옛날에는 어떤 일이든 으레 집에서 했기에 집터는 곧

일터였어요. 그리고 옛날에는 집에서 일을 하면서 아이를 낳아 돌보면서 살림을 물려주었으니, 집터는 일터이면서 배움터이자 놀이터 구실을 했어요. 아이들은 어른들 곁에서 어깨너머로 일을 배우고 살림을 배우면서 놀이를 누리지요. '터'라고 하는 이름은 살림을 가꾸어 삶을 지으면서 사랑이 흐르는 곳에 붙는다고 할 만해요.

터를 더 생각해 보면, '터주'도 바로 터하고 얽힌 숨결이에요. 요새는 '텃세'라는 말을 흔히 쓰는데, '세(勢)'라는 한자를 붙인 텃세는 '텃힘(터힘)'을 가리킨다고 할 만합니다. 먼저 어느 터에 깃들여 사는 사람들이 이 터에 새로 찾아오는 사람을 괴롭히거나 우쭐거리는 몸짓이 '텃힘(텃세)'이거든요.

터를 붙이는 말로 '텃밭·텃논'이 있어요. 터에 딸린 밭이나 논인 셈이고, 터하고 가까운 밭이나 논을 말하기도 해요. 우리는 늘 밥을 먹으면서 목숨을 이으니, 밭이나 논은 모두 집이나 마을 가까이에 두기 마련이에요. '터앝'이라는 낱말도 있어요. '터앝'은 '텃밭'하고 같은 낱말인데, '터앝'은 집 안에 있는 작은 밭을 따로 가리키는 이름으로도 써요. 자, 그러면 이런 텃밭은 어디에 있을까요? 오늘날 도시에서는 어디가 텃밭이 될까요?

골목을 이룬 마을에서는 골목길 한쪽이 텃밭이 되기도 해요. 골목밭이지요. 학교에서도 운동장 가장자리나 한쪽을 텃밭으로 일구기도 하지요. 여러 층으로 된 집은 땅뙈기가 없다고요? 그렇지만

상자나 스티로폼에 흙을 담아서 씨앗을 심어서 돌보지요. 때로는 꽃그릇을 쓰고요. '상자밭·그릇밭'이라 할 만한데, 이렇게 조그맣게 꾸며서 가꾸는 모든 일손도 '텃밭일'이라 할 수 있어요. 다시 말하자면, 텃밭은 집이나 일터 가까이에 두면서 흙을 만져서 먹을거리를 얻으려고 할 적에 쓰는 이름이에요.

이 텃밭을 둘러싸고 이웃하고 오순도순 사귑니다. 조그마한 땅뙈기에서 텃밭이웃으로 지내면서 씨앗을 나누기도 해요. 남새를 아주 많이 거두어서 내다 팔 만하지는 않더라도, 아기자기하게 거둔 남새로 조촐하게 나눔잔치를 열지요. '나눔밥'을 즐겨요. 마을잔치도 되고 두레잔치도 되는 텃밭잔치라고 할 만해요.

우리는 살 만한 터를 찾아서 '삶터'를 가꾸고, 삶터에서 살림을 일구니 '살림터'를 북돋아요. 이 삶터나 살림터는 즐거운 '나눔터'라든지 '잔치터'로 거듭난다고 할 만해요. 이러는 사이에 잔치를 벌여서 웃음이랑 노래랑 춤이랑 어깨동무를 시원스레 벌이니 새삼스레 '놀이판'을 이루어요. '놀이마당'이라고도 하지요.

터는 집이 되다가 판이 되고, 새롭게 마당이 됩니다. 서로 얼크러져서 즐거운 '한마당'이 된다면, 이 '한판'에서는 윷판도 벌어지고 씨름판도 벌어져요. 어른들은 술판을 벌일 테고, 아이들은 놀이판을 벌여요. 어른 아이 할 것 없이 왁자지껄 이야기판을 벌이고요. 판소리는 바로 이런 일판이나 놀이판에서 태어났어요. 한판 즐겁게 어우러지면서 신나는 소리(노래)가 태어나기에 판소리예요.

이러는 동안 어느새 한마당은 놀이마당이 되고 노래마당이 되다가 춤마당도 됩니다. 푸짐하게 밥 한 그릇을 나누니 밥마당도 되고, 저마다 텃밭에서 거둔 남새로 지은 밥을 나누는 자리이니 밥잔치이면서 '밥잔치마당'이기도 해요.

사이좋게 어우러지는 한마당에서는 텃힘을 부릴 까닭이 없습니다. 텃힘이 아닌 텃마당을 나누지요.

흙을 만지면서 텃밭을 가꾸듯, 마음을 돌아보면서 '마음밭'을 가꾸어요. 텃밭에 씨앗을 심어 열매가 맺을 때까지 알뜰살뜰 보살펴

듯, 우리 마음밭에 슬기롭거나 고운 생각을 씨앗으로 심어서 기쁜 꿈을 이루는 날까지 알뜰살뜰 보살펴요. 마음이 어떠한가를 살피면서 '마음씨'라는 낱말을 쓰는데, 어쩌면 '마음씨'란 우리가 마음에 심는 씨앗을 가리킬 수 있어요. 마음에 심는 씨가 고우면 우리 눈빛이나 몸짓도 고우리라 생각해요.

다 같이 노래하고 웃고 춤추면서 땅을 만집니다. '마을텃밭'이나 '마을밭'에서 땅을 함께 만집니다. 작은 씨앗을 작은 손으로 심어요. 작은 손길로 작은 텃밭을 사랑스레 가꾸어요. 새싹이 돋고 줄기가 오르면서 꽃이 피어요. 열매를 맺고 가을걷이를 해요. 보리나 봄동처럼 겨울나기를 하고 봄에 거두면 '봄걷이'를 하는 셈이겠지요. 마을에서 힘을 모아 텃밭을 일구는 봄걷이·여름걷이·가을걷이를 하면 우리는 모두 '기쁨걷이'를 넉넉히 합니다. 땀흘리는 보람을 누리고, 작은 손으로 밥과 이야기와 꿈과 생각과 노래와 놀이를 나누는 열매를 누려요.

길을 거닐며 떠올리는 말

거님길 · 길바늘 · 길벗 · 길손집 · 느린걸음 · 징검돌

 사람은 누구나 걸어요. 안 걷는 사람은 없어요. 다만 다리가 다치거나 없다면 걷지 못해요. 몸이 힘들거나 아파도 걷지 못하고요. 사람한테는 다리가 있어요. 다리가 하나인 사람도 있고 둘인 사람도 있는데, 이 다리를 써서 걸어요. 머나먼 길을 가려고 걷기도 하지만, 집에서 방하고 부엌을 드나들 적에도 걷지요. 마루로 나오거나 툇마루에 서려고 걸어요. 씻는 동안에도 걷기 마련이고, 바깥으로 나갈 적에도 걸어요. 자동차를 탄다고 해도 자동차를 타는 데까지 걷고, 자동차에서 내린 뒤에도 걸어요.

 우리 몸에서 어느 곳이든 모두 뜻이 있고 값진데, 다리는 '길'을 걸으면서 마을을 이루는 바탕이 된다는 대목에서 뜻이 있고 값져

요. 다리는 새로운 길을 내는 발판 구실을 하면서, 이곳하고 저곳을 잇는 노릇을 해요. 우리 몸에서 다리가 맡은 이 같은 몫 때문일까요? 냇물을 사이에 두고 이쪽하고 저쪽을 잇도록 길을 놓을 적에 '다리'를 놓는다고 해요. 골짜기에서 사이를 잇는 '흔들다리'도 모두 다리예요. 도랑이나 웅덩이에 돌을 놓는 '징검다리'도 참말 다리이지요. 징검다리를 이루는 돌은 '징검돌'이라고도 하는데, 작은 돌 하나도 훌륭한 다리 구실을 하지요.

다리를 써서 걸어요. 가만히 사뿐사뿐 걸어서 다니며 '거닐다'라고 해요. 부드러운 몸짓이고 즐거운 몸짓이기에 거닐어요. 옛날에

는 모두 길에서만 다니 마실이라면, 요새는 자전거도 타고 자동차도 타며 버스나 전철도 타지요.

마실이 좀 가까운 곳을 다니는 거닐기라 한다면, '나들이'는 제법 멀리 찾아다니는 몸짓이라 할 수 있어요. 이른바 여행이지요. 어느 모로 보면 '바깥나들이'가 멀리 다니는 일인 여행일 텐데, '바깥마실'처럼 쓰기도 해요. 서울에서 인천으로, 안양에서 춘천으로, 부산에서 대구로, 진주에서 광주로, 목포에서 장흥으로 '바깥바람'을 쐬는 나들이나 마실을 다녀요. 때로는 바다 건너 일본으로 마실을 가고, 때로는 저 커다란 물을 가로질러 프랑스나 핀란드로 나들이를 해요.

길은 서로 잇는 자리라 할 수 있어요. 내가 사는 터하고 네가 사는 터를 잇는 자리가 바로 '길'이에요. 걸어서 잇는 길은 '거님길'이에요. 버스로 잇는 길은 '버스길'이고, 기차로 잇는 길은 '기찻길'이지요. 배를 타고 '뱃길'이나 '냇길'이나 '바닷길'을 이어요. 비행기를 타면? 이때는 '하늘길'이에요.

혼자 길을 나서면서 '길바늘'을 챙길 만해요. 길이 어느 쪽인가를 알려주는 바늘이기에 길바늘(나침반)이랍니다. 길을 함께 가는 말벗이 있으면 '길벗·길동무'가 되어요. 이 길을 가는데 눈이 와서 눈길이고, 비가 와서 빗길이에요. 안개가 끼면 안개길(안갯길)이요, 고개를 넘다가 구름 사이에 폭 안기면 '구름길'이 되지요. 냇물이나 바닷물을 헤엄치면 '물길'을 간다고 할 수 있어요.

빨리 가려 하면 '빠른길(고속도로)'을 달리지요. 빠른길에는 버스길(버스전용차로)이 있기도 해요. 굳이 빨리 갈 마음이 없으면 '느린길'을 달려요. 아니, 느린길은 달린다고 하면 좀 안 어울릴까요? 느린길은 그야말로 느릿느릿 천천히 가야겠지요. 살짝 가다가 쉬면서 돌아보고, 또 조금 가다가 쉬면서 둘러보는 느린길이고 느린걸음입니다.

자동차가 다녀 찻길이고, 넓어서 큰길·한길입니다. 골목에는 골목길이고, 마을에는 마을길이에요. 오솔길은 호젓하고, 지름길은 빠르지요. 샛길로 빠져서 헤매는 재미도 있고, 새길을 내면서 두근두근 설레요. 우리 집이나 마을 둘레에는 어떤 이웃이나 삶자리가 있는가를 돌아보고 싶어서 '둘레길'을 걸어요. 숲이 좋아서 숲길을 걷고, 자전거가 반가워 '자전거길'을 달려요. 그리고 우리는 저마다 '삶길'을 새롭게 지으면서 걷습니다. 날마다 새로운 하루를 맞이하면서 짓는 삶이기에 삶길이에요.

마음에 드는 고운 님이 있으면 기쁘게 사랑을 가꾸며 '사랑길'을 걸어요. 스스로 뜻한 바가 있어서 이루려는 꿈을 품으며 '꿈길'을 걷지요. 노래가 즐거워서 노래길을 걷고, 춤이 신나서 춤길을 걸어요. 모든 길은 저마다 아름다운 삶하고 이어져요. 모든 길에는 저마다 기쁜 이야기가 흘러요.

곱거나 착하거나 참된 마음을 가꾸면서 '마음길'을 다스려요. 흔들리지 않고 차분한 마음이 되도록 마음길을 다스리고, 고요하면서 맑은 마음으로 피어나도록 마음길을 다스려요. 내 꿈과 사랑을 곧게 가다듬으면서 마음길을 다스리는데, 이 마음길을 찬찬히 여밀 수 있으면 '글길(글을 쓰는 길)'을 걷거나 '책길(책을 읽는 길)'을 걸을 적에 한결 야무질 만해요.

해마다 봄이면 꽃길을 걸으려는 사람이 부쩍 늘어요. 봄기운도 반갑고 꽃내음도 좋으니까요. 길을 나서는 사람은 '길손'이 되고, 길손이 머무는 '길손집(여행자 숙소·여관·게스트하우스)'이 있어요. 길손은 마음에 드는 자리를 골라서 길섶에 앉아 길밥을 먹기도 해요. 길밥을 함께 나누는 길동무라면 '길밥동무'나 '길밥이웃'이 되겠네요.

그리고 어린이 여러분은 다리랑 길하고 얽힌 수많은 말을 하나씩 살피는 동안 시나브로 '말길'을 열어요. '생각길'을 트는 다리를 가만히 놓지요.

어른으로 자라는 옹근 말

다소곳하다 · 셈 · 약돌이 · 애늙은이 · 오롯하다 · 옹글다 · 철 · 철모름쟁이

하루빨리 어른이 되고 싶은 어린이가 있으리라 생각해요. 굳이 어른이 되고 싶지 않은 어린이도 있으리라 생각해요. 나이를 먹으면 저절로 어른이 되겠거니 하고 여기는 어린이가 있을 테고, 나이를 먹거나 말거나 어른이 되거나 말거나 생각할 겨를이 없는 어린이도 있을 테고요.

'어른'은 어떤 사람을 가리킬까요? 나이가 많으면 어른일까요? 시집이나 장가를 가면 어른일까요? 혼인을 해서 아이를 낳으면 어른일까요? 흰머리가 나거나 나룻을 기르면 어른일까요? 회사를 다닌다거나 돈을 마음껏 쓰면 어른일까요? 담배나 술을 할 수 있으면 어른일까요?

예부터 '어른'은 '철'이 제대로 든 사람을 가리켰어요. 철이 제대로 들지 않으면 아무리 나이를 많이 먹었어도 어른이라 하지 않았어요. 이때는 '철모름쟁이(철부지)'라 하지요. 철없는 사람이기에 '철없는이'라 할 수 있어요.

'철'이란 무엇인가 하면, 우리가 흔히 말하는 봄 여름 가을 겨울 같은 네 가지 때가 '철'이요, 이 네 가지 때가 어떻게 흐르는가를 슬기롭게 아는 마음이 '철'이며, 이 네 가지 때를 살펴서 손수 살림을 지어서 삶을 누릴 줄 아는 숨결이 '철'이에요.

몸이 크거나 나이가 많거나 아이를 낳았기에 어른이 되지는 않아요. 몸이 자라는 결에 맞추어 마음과 생각이 함께 자라야 어른이에요. 이 이야기를 들려주는 저도 아직 집이랑 옷이랑 밥을 모두 손수 지어서 손수 가꾸는 철살림을 이루지 못하기에 몸뚱이는 '어른처럼' 보이지만 저도 아직 '아이'랍니다. 한창 철살림을 새로 배워요.

아이하고 어른을 가르는 큰 잣대가 '철·철살림'이라면, 다른 잣대 하나는 '큼·자람'입니다. 오늘날은 몸뚱이만 크거나 자라면, 그러니까 나이만 많이 들면, 또는 회사에 일자리를 얻어서 돈을 벌면, 아니면 짝을 지어 아이를 낳으면, 이때 어른이 되었다고 여기지만, 겉모습만으로는 어른이라 말하기 어려워요. 철과 살림을 제대로 배워서 슬기로운 사람으로 우뚝 설 때 비로소 어른이에요. 다시 말하자면, '아이=즐겁고 신나며 바지런히 배우면서 자라는 숨걸'이요. '어른―즐겁고 신나며 바지런히 배워서 자란 뒤, 철과 셈과 슬기가 늘어서, 이 철과 셈과 슬기로 살림을 짓고, 이이한테 철과 셈과 슬기로 살림을 짓는 길을 가르치면서 새롭게 익히는 숨결'이라고 할 만합니다.

철이 든 어른은 힘과 슬기를 제대로 다스릴 줄 아는 사람이에요. 힘을 착하게 쓰고, 슬기를 올바로 다룰 줄 알기에 철든 어른이

에요. 아무 자리에서나 힘을 마구 쓰면 어떻게 될까요? 주먹다짐이나 싸움이 벌어지겠지요. 누구는 다치거나 아프거나 괴롭겠지요. 내 밥그릇만 챙기려는 얕은 꾀나 꿍꿍이를 키운다면, 이런 사람은 어른이 아니지요. 약은 꾀로 남을 괴롭힌다면 참말 꾀쟁이나 약돌이·악순이가 될 뿐이에요.

참다우면서 넉넉하기에 어른입니다. 고우면서 따스하기에 어른이지요. 차분하면서 다소곳하게 어른이고요, 상냥하면서 너그러워서 어른이에요.

겉치레로 차린옷을 입기에 어른스럽지 않아요. 겉모습만 갖추면 짐짓 어르스러워 보일는지 모르지만, 속은 텅 비었을 테니, 이런 모습은 바로 '애늙은이'가 되기도 한답니다. 우리 어린이는 애늙은이가 되지 않아도 돼요. 아니, 우리 어린이는 어린이답게 맑고 밝으면서 신나게 웃고 노래할 수 있으면 돼요. 마음껏 꿈꾸고 춤추면 돼요. 실컷 사랑하고 노래하면 돼요.

차근차근 크면서 셈을 가릴 줄 알면 돼요. 숫자만 따지는 셈이 아니라, 옳고 그름을 알아차리는 셈을 알고, 아름다움과 기쁨을 헤아리는 셈을 익힐 노릇이에요. 서로 손을 맞잡을 줄 알고, 고개를 숙여 절을 할 줄 알며, 가로채기나 끼어들기나 앞지르기가 아닌 '넓고 너그럽고 넉넉한' 품이 될 수 있으면 든든하지요.

높임말이란 나이만 많은 사람한테 쓰는 말이 아니에요. 우리 앞

이나 둘레에 있는 사람을 높이는 말을 쓸 줄 안다고 할 적에는, 우리가 아닌 이웃이나 동무가 얼마나 아름답거나 사랑스러운 넋인가를 안다는 뜻이에요. 마음으로 높이기에 높임말이에요. 마음으로 아끼면서 '아낌말'이자 높임말이 돼요. 어른스러운 사람은 어른끼리 말을 하든 아이한테 말을 하든 늘 따스함이 묻어나는 봄바람 같은 기운을 나누어 준답니다. 봄볕 같은 몸짓이기에 어른이요, 봄비처럼 반갑기에 어른입니다. 봄노래처럼 즐겁게 삶을 손수 지으며 가꾸기에 어른이에요.

옹근 사람이 되기에 어른이라고 할 만해요. 오롯한 사람이 되기에 어른이로구나 싶어요. '옹글다'는 어느 한 군데도 쪼개지거나 다치지 않은 것이나 매우 알찬 모습을 가리켜요. '오롯하다'는 처음 그대로 알차게 있는 모습을 가리키지요. 어린이가 철이나 셈이 들어서 어른이 된다고 할 적에는, 바로 이러한 마음, '옹글'고 '오롯한' 마음이 되고 생각이 되며 사랑이 된다는 뜻이지 싶어요. 어른은 늘 어른다운 어른으로 살도록 힘을 쓰고, 어린이는 새롭게 피어나는 슬기로운 어른으로 자라도록 마음을 쓸 적에, 참으로 아름다운 마을·집·나라가 되겠지요.

책상맡에서 생각에 잠기는 말
걸음쇠 · 네글벗 · 모둠상 · 앉은뱅이책상 · 연필주머니 · 책상물림 · 책시렁

배우는 자리에는 으레 책걸상이 있어요. '책걸상'은 책상하고 걸상을 아우르는 이름이에요. 집에서는 따로 걸상이 없이 책상맡에 앉을 수 있어요. '앉은뱅이책상'이라면 걸상을 쓰기에는 낮거든요. '앉은뱅이꽃'은 땅바닥에 납작하게 붙어서 피는 꽃을 가리켜요. '앉은뱅이저울'은 물건을 앉히듯이 놓는 저울을 가리켜요. '앉은뱅이걸음'은 땅바닥에 앉은 채로 슬슬 움직이는 걸음을 가리키고요. 그러면 앉은뱅이책상에는 '앉은뱅이걸상'을 마련할 수 있겠지요? 다리가 없이 깔개하고 손받침하고 등받이만 있으면 앉은뱅이걸상일 테니까요.

'걸상'에는 걸터앉아요. 걸쳐서 앉기에 '걸터앉다'라 하고, 몸이

나 물건을 어느 곳에 올리는 몸짓을 '걸치다'라고 해요. '책상'은 이름대로 책을 놓는 자리예요. 밥을 놓으면 '밥상'이고, 술을 놓으면 '술상'이 되지요. 떡을 놓으면 '떡상'이니까, 빵을 놓으면 '빵상'이 되어요. 마시는 차를 올리니 '찻상'이고, 아기 돌잔치를 하니 '돌상'이며, 생일잔치나 예순잔치를 하는 자리는 '생일상·잔칫상'이에요.

걸상이 길기에 '긴걸상'이니, 책상도 길면 '긴책상'이지요. 여럿이 함께 쓰는 책상이라면 '두레상'이 되는데, 두레상은 흔히 큰 밥상을 가리켜요. 학교에서 모둠을 지어서 책상을 마주붙인다면 '모둠상(모둠책상)'이라고 할 만합니다. 그리고 동그라니까 '동글상(동그라미상)'이고, 네모나니까 '네모상'이고요.

학교나 마을에 '문방구'나 '문구점'이라는 가게가 있어요. '문방'이나 '문구'를 다루니 '문방구·문구점'일 텐데, '문방(文房)·문구(文具)'는 "글을 쓸 적에 쓰는 연장"을 가리켜요. 그러니까 '글연장'이라고 할 만하지요. 어른들은 "네 가지 글벗"을 '문방사우'라는 한자말로 가리키곤 하는데, 쉽게 '네글벗'이라 할 만해요. 종이랑 붓이랑 먹이랑 벼루가 '네글벗'이에요. 요즈음은 먹이나 벼루는 거의 안 쓸 테지만 종이는 늘 쓰고, 붓보다는 연필이나 볼펜을 흔히 써요. 오늘날 어린이한테 '네글벗'을 새로 꼽자면 종이랑 연필이랑 지우개랑 셈틀(컴퓨터)을 들 만할까 하고 헤아려 봅니다.

글씨를 쓰면서 종이 뒤쪽에 자국이 나지 않도록 하려고 단단하

고 얇은 판을 받쳐요. 책상맡에서 공부하며 글을 쓰다가 받치니 '책받침'인데, 글을 쓰며 받치니 '글받침'이라 해도 돼요. 책을 꽂으니 '책꽂이'가 되고, 책을 얹으면 '책시렁'이에요. 글을 배우기에 '글공부'라 하는데, 글을 배운다는 말대로 '글배움'이라 할 수 있어요. '학교 공부'는 '학교 배움'이 되겠지요.

우리는 학교에서뿐 아니라 집이나 마을에서도 배워요. 그래서 '집 배움'이나 '마을 배움'도 해요. 학교에서는 우리가 사회를 이루는 얼거리를 배우고, 집에서는 저마다 보금자리를 가꾸는 살림을 배워요. 마을에서는 이웃하고 동무가 어우러지는 사랑을 배우고요. 배우는 자리, 곧 '배움자리'마다 다 다르게 배워요.

그런데 책상맡에서만 배우는 사람은 '책상물림'이라고 해요. 우리는 학교에서 책상맡에 앉아서 사회를 배우기도 해야 하지만, 집에서 살림을 배우고 마을에서 사랑도 배워야 하는데, 집이나 마을에서 살림하고 사랑을 배우지 못해서 두 눈이 밝게 트이지 않을 적에 '책상물림'이에요. '학교물림'인 셈이에요.

금을 반듯하게 그으려고 자를 써요. 길면 '긴자'이고, 짧으면 '짧은자·깡똥자·토막자'이며, 세모나게 생기면 '세모자'예요. 무늬를 그릴 수 있도록 자 한복판에 여러 무늬가 파였으면 '무늬자'예요. 물결을 그리도록 돕는 자는 '물결자'요, 줄처럼 감아서 들고 다니다가 펼치니 '줄자'예요. 어른들은 '티자(T자)'라고 일컫는 자도 써요.

알파벳 'T'처럼 생겼대서 '티자인데요, 한글 홀소리에 'ㅜ'가 있어요. 그러니 우리는 '우자(ㅜ자)'라는 이름도 쓸 만해요.

동그라미를 그리려고 '컴퍼스(콤파스)'를 쓰지요? 이 글연장은 '걸음쇠'라고도 해요. 한 다리를 한곳에 두고 다른 한 다리를 펼쳐서 걸음을 걷듯이 움직이며 그린다고 해서 '걸음쇠'예요. '걸음쇠·컴퍼스'는 동그라미를 그리니 '동글쇠'나 '동글이'라고도 할 수 있어요.

붓을 한번 살펴볼까요. 글씨를 쓰면 '글붓'이에요. 글씨를 크게

쓰면 '큰글붓'이요, 글씨를 잘게 쓰면 '잔글붓'이에요. 먹을 묻히는 붓은 '먹붓·먹글붓'이라 하면 되고, 그림을 그릴 적에는 '그림붓'이에요. 오래 써서 닳으면 연필이 짧아져서 '몽당연필'이 돼요. 끝이 닳아서 몽톡하게 되는 것에 '몽당-'을 붙여요. '몽당붓·몽당비·몽당치마·몽당바지'가 있지요. 몽당비는 '모지랑비'라고도 해요.

학교에 가며 '신주머니'를 챙기나요? 바깥하고 안에서 발에 꿰는 신을 달리할 적에는 따로 '바깥신(실외화)'하고 '안신(실내화)'을 갈라야 하니 신주머니가 있어야지요. 신을 담아서 신주머니라 하듯이, 연필을 담으면 어떤 주머니일까요? '연필주머니'일 테지요? '주머니'는 무언가를 넣는 물건을 가리켜요. 그래서 '생각주머니·꿈주머니·사랑주머니'처럼 쓸 수 있어요. '돈주머니·책주머니·씨앗주머니'처럼 쓰기도 하고요. 콩을 넣은 '콩주머니'나 모래를 넣은 '모래주머니'를 서로 주거니 받거니 하며 놀기도 해요. 즐겁게 놀다 보면 어느새 우리 마음자리에는 새로운 이야기가 깃들어요. 우리한테는 누구나 '이야기주머니'가 있어요.

책을 담은 책가방을 메고 학교에 갑니다. 등에 메는 가방 말고 손에 쥐는 손가방도 있어요. 바퀴를 달아 돌돌돌 굴리는 '바퀴가방'이나 '끌가방'도 있고요. 그림을 그리는 붓이나 종이를 담으면 '그림가방'이고, 일하는 연장을 담으면 '연장가방'이며, 사진기를 담으면 '사진가방'이에요.

학교를 오가며 책상밑에서 기쁘게 배웁니다. 집에서 살림을 돕고 심부름도 하면서 살림을 배웁니다. 마을에서 이웃 어른이나 동무하고 사귀며 노는 사이에 사랑을 배워요. 그리고 텃밭에 씨앗을 심어서 손수 남새를 길러 보면서 새로운 삶을 배워요. 하늘하고 바람하고 구름하고 나무하고 꽃하고 나비하고 풀벌레를 마주하면서 숲하고 지구를 배워요. 우리를 둘러싼 모든 것은 '배울거리'예요. 언제나 재미나게 배우면서 늘 새롭게 자라요.

놀이터에서 뛰어오르는 말

공놀이터 · 깍두기 · 깨끔발 · 소꿉 · 손바닥놀이터 · 추임새

놀이를 하는 곳이기에 놀이터라 하는데, 옛날에는 놀이터가 따로 없어요. 옛날 어린이는 어디에서 놀았을까요? 놀이터가 없는데 말이지요. 한번 생각해 볼까요? 놀이터가 없는 옛날 어린이는 어디에서 놀았을까 하고요.

옛날에는 마당에서 놀고, 고샅에서 놀며, 들에서 놀아요. 숲에서 놀고, 바다에서 놀며, 냇가에서 놀아요. 나무하러 멧골에 다녀오며 놀고, 샘터나 냇가에서 빨래하는 어버이 곁에서 놀지요. 우물가에서 물을 길어오는 동안 놀고, 소를 뜯기러 다녀오며 놀아요.

자, 가만히 헤아려 보셔요. 옛날에는 놀이터라는 데가 따로 없지만, 어린이한테는 어디나 모두 놀이터가 되었어요. 집에서도 마

놀이터에서 뛰어오르는 말 _ 141

당이나 마루가 놀이터가 되지요. 꽃밭이나 텃밭도 놀이터가 되어요. 다시 말하자면, 어른한테는 '일터'이고 어린이한테는 '놀이터'에요. 예부터 어린이는 어른이나 어버이 곁에서 어깨너머로 '일'을 지켜보면서 느긋하고도 아늑하게 놀았어요.

'소꿉놀이'는 어른을 흉내낸 놀이예요. 어른한테는 '살림'이고 아이한테는 '소꿉'이지요. 어른이 집살림과 들살림과 숲살림처럼 살림짓기를 하는 모습을 지켜본 아이들이 조물조물 이쁘장하게 꾸미며 노는 몸짓이 소꿉놀이랍니다.

공을 차는 놀이는 '공차기'예요. 이를 축구라고도 하지요. 축구는 축구장에서 하는데, 공차기를 하는 곳이라면 '공차기터'가 될 테고, '공놀이터'도 되어요. 공은 발로 차기도 하지만, 작대기를 써서 치기도 해요. 공을 치는 '공치기'는 야구라고도 하기에, 공차기나 공치기 모두 '공놀이'가 되면서 '공놀이터'에서 한다고 할 만합니다.

놀이는 손바닥만 한 조그마한 빈터에서도 해요. 조그마한 빈터에서는 땅바닥에 돌로 금을 그어서 흙놀이나 땅놀이를 즐기고, 소꿉놀이나 공기놀이를 합니다. 말뚝박기나 고무줄놀이도 작은 빈터에서 할 만해요. 넓게 트인 터가 있다면, 이곳에서는 와르르 달리면서 술래잡기를 할 수 있어요. 숨바꼭질이나 강강술래를 한다든지, 긴줄넘기나 줄다리기도 할 만해요. 빈 자리라 '빈터'라면, 넓게 트인 자리는 '너른터'가 되겠지요. 손바닥만큼 작은 터라면 '손바닥쉼터'나 '손바닥놀이터'라 할 만해요. 빈터가 없으면 그냥 걸상에 앉거나 자리에 서서 손만 움직이는 가위바위보를 할 수 있어요. 방에서는 등을 맞대고 엉덩이로 밀치는 놀이를 할 수 있어요. 제기를 찰 만한 데에서는 깨끔발로 닭싸움을 할 수 있고요.

공은 차거나 치기도 하지만 넣기도 해요. 동그란 틀에 던져서 넣지요. '공넣기'라고 할 만한 농구인데, 이런 농구를 할 적에 튀어나오는 공을 받기도 하고, 함께 노는 동무가 공을 넣도록 돕기도 해요. 튀어나오는 공을 받으면 '튄공잡기'요, 동무를 도우면 '도움주기(도와주기)'입니다. 공차기에서도 '도움주기'가 있어요. 공넣기 놀이에서는 저쪽 아이들이 노는 공을 가로채서 '가로채기'도 하지요. 그물을 길게 늘어뜨린 곳에서 서로 공을 때리는 놀이인 '공때리기'는 배구인데, 공을 힘껏 때리는 아이 앞에서 폴짝 뛰어올라서 가로막으면 '가로막기'라고 해요. 힘껏 때린 공을 몸을 날려 받아서 살리면 '건지기'라 하고요.

경기장에 가서 다른 사람들 경기를 구경하면서 '추임새(응원)'를 넣기도 하고, 손뼉을 치면서 기운을 북돋우기도 해요. 공연을 하는 무대에 가서 신나는 노래를 들었으면, 우리는 으레 '한 번 더'나 '두 번 더'를 외쳐요. 한 번 더 듣고 싶은 노래요, 두 번 더 듣고 싶은 노래일 테니까요.

놀이에서는 따로 '이긴다'거나 '진다'고 하는 '겨루기'는 없었다고 할 수 있어요. 그저 서로 어울려서 그대로 신나게 웃는 자리가 바로 놀이터예요. 누가 잘하거나 못한다고 하는 틀도 가르지 않는 놀이예요. 다만, 서로 씩씩하게 맞붙어서 온힘을 다해 겨루다 보면, 손힘이 자라고 다릿심이 붙어요.

아직 힘이 여린 동무가 있으면 슬그머니 어느 자리에든 끼워서 함께 놀아요. 아직 여린 동무이니 굳이 술래를 시키지 않아요. 함께 있기만 해도 즐거워요. 함께 있기에 참으로 신나요. 어느 쪽에

놀이터에서 뛰어오르는 말 _ 145

든 마음대로 드나들며 어우러지는 놀이동무를 두고 '깍두기'라고 하지요. 닭싸움을 하든 씨름을 하든, 깨금발로 콩콩 뛰어다니든, 흙바닥에 오징어를 그리고 달리든, 또 흙바닥에서 조약돌을 손가락으로 튕기며 놀든, 깍두기 자리에 있는 아이는 같이 어울리면서 활짝 웃습니다.

　신나게 노는 동안 어깨동무하면서 어울리는 기쁨을 익혀요. 마음껏 뛰노는 사이에 동무를 아끼는 따스한 손길을 배워요. 홀가분하게 노는 틈에 어느덧 의젓하고 야무진 아이로 우뚝 섭니다. 자, 우리 함께 우리 삶터를 멋진 놀이터 일터로 가꾸고, 우리 놀이터가 고운 살림터 노래터 웃음터 이야기터가 되도록 꾸며 봐요.

22

건널목에서 기다리는 말

두찻길 · 빗물닭이 · 빠른길 · 어린이길 · 오솔길 · 지름길 · 차둠터

자동차를 대는 곳을 어떤 이름으로 가리키나요? 사람들은 흔히 '주차장'이라 하지요? 그런데 "차를 대는 곳"이라면 이 쓰임새 그대로 '차 대는 곳→차댐곳 · 차댐터 · 차댐자리'처럼 쓸 수 있어요. '차 두는 곳'이나 '차둠터'로 쓸 수 있고, 차를 쉬게 하는 곳이라고 하면서 '차쉼터'라 쓸 수 있지요. 북녘에서는 '차마당'이라는 낱말을 쓴다고 해요. 차가 늘어선 마당이기도 하니까요. 길에 세우는 간판은 으레 영어로 'P'를 적는데 한글로 '둠'이라 적거나 'ㅊ(자동차에서 '차'를 나타내는 닿소리)'을 적어 볼 만해요.

오늘날에는 자동차 없는 모습을 떠올리기 어려울 테지만, 정작 사람들이 자동차를 널리 탄 지는 아직 얼마 안 되었어요. 고작 백

해 있어서만 하더라도 시의 모든 사람들은 두 다리로 걸어서 다녔지요. 예전에는 '길'이 그리 넓지 않았어요. 길이 굳이 넓어야 하지도 않았어요. 사람이 걸어서 오갈 만한 너비면 되거든요. 지난날에는 고샅길이나 마을길이나 논둑길이나 도랑길이나 숲길이나 멧길이나 오솔길쯤이었어요. 요새는 이런 길보다 '찻길'이 익숙하겠지요? 자동차는 사람보다 덩치가 크니 커다란 길을 내야 했고, 이 커다란 길을 '한길'이라 해요.

사람만 길을 다닐 적에는 그저 '길' 한마디면 넉넉했고, 자동차가 길을 다니면서 '찻길'이라는 낱말이 태어나요. 찻길도 처음에는 그냥 찻길이었을 테지만, 어느새 '두찻길(차 두 대가 지나갈 만한 길)'이 되고, '네찻길(차 넉 대가 지나갈 만한 길)'이 되다가, '여덟찻길'이나 '열찻길'까지도 늘어나요.

이제는 자동차가 매우 많기 때문에, 사람을 지키거나 보살피는 자리를 따로 마련합니다. '찻길' 옆에 '사람길'을 마련하지요. 사람만 다니도록 하는 '사람길'은 '거님길'이라고도 해요. 이 길은 오직 걸어서 오가기에 '거님길'이에요. '걸음길'이라 해도 되고요. 그런데 이쪽 길을 가다가 저쪽 길로 가고 싶다면 길을 건너야 해요. 그러니 찻길 한쪽에 하얗게 금을 그은 뒤 이쪽하고 저쪽 사이를 건너도록 하는 길을 내며 '건널목'이라는 이름을 붙여요. 북녘에서는 '건널목'이라는 낱말에다가 '건늠길'이라는 낱말을 함께 써요.

건널목에서 기다리는 말 _ 149

찻길은 차츰 발돋움하면서 '빠른길'이 나옵니다. 오직 자동차만 빠르게 달리는 길인데, 이 빠른길에는 건널목이 없어요. 빠른길이 있으면 '느린길'도 있을까요? 일부러 느리게 간다기보다 애써 빠르게 달리려 하지 않는 '나들잇길'이라면 느린길이 될 만해요. 나들이를 서둘러서 할 사람은 없으니까요. 학교 둘레에도 느린길이 있어요. 이른바 '어린이길'이에요. 자동차가 학교 둘레에서 빨리 달리지 못하도록 다스리려고 하는 느릿느릿 '어린이길(어린이 보호구역)'이지요.

자동차는 아직 기름을 넣어서 달려요. 앞으로는 기름이 아닌 햇볕이나 전기로 달리는 자동차가 나올 테니, 그때는 '햇볕차'나 '전기차'라는 새 이름이 태어나겠지요. 그리고 크기로 따져서 '큰차·작은차'가 있어요. 사람을 아늑하게 태우는 '사람차(승용차)'하고, 짐을 넉넉히 싣는 '짐차(화물차)'가 있고요.

수많은 자동차는 '기름집'에 가서 기름을 채워요. 기름이 '바닥'이 나지 않도록 살펴서 넣지요. 멀리 가야 하면 '가득' 넣어요.

자동차가 아주 많이 다니는 곳에서는 자동차가 다니기 좋도록 건널목을 안 놓거나 덜 놓기도 해요. 찻길 위로 솟는 다리를 놓는 '구름다리'라든지, 찻길 아래로 땅을 파는 '땅밑길'을 내요. 구름을 밟는 듯한 구름다리요 땅밑으로 재미나게 들어가는 땅밑길이지만, 어느 모로 본다면 땅에서 임자가 사람 아닌 자동차로 바뀐 셈이에요.

'지름길'로 서둘러 가도 나쁘지 않지만, '에움길'로 느긋하게 다닐 적에 서로 다치는 일이 줄어요. 바삐 빨리 달리려 하기 때문에 자꾸 자동차끼리 부딪히면서 다치고 말아요.

자동차를 달리며 앞뿐 아니라 옆하고 뒤도 함께 살펴야 하기에 '옆거울'하고 '뒷거울'이 있어요. 어둡거나 안개가 낀 날에는 차 앞뒤로 '앞등·뒷등' 불빛을 밝혀요. 비가 오면 '빗물닦이(와이퍼)'를 움직이지요. 달리려고 '달림판(액셀)'을 밟고, 멈추려고 '멈춤판·멈추개(브레이크)'를 밟아요. '손잡이'를 돌려서 왼쪽으로 가거나 오른쪽

마을 앞길에서도 차들이 달림판을 마구 밟아 대.

으로 가요. 손잡이를 가만히 두면 앞으로 곧게 가요. '왼쪽·오른쪽·앞으로·뒤로' 움직여요.

　마실길을 나서면서 몸에 띠를 매요. '안전띠'라고도 하는 이 띠는 몸에 가로지르니 '몸띠'이기도 한데, 북녘에서는 걸상에 앉아서 두르는 띠라는 뜻으로 '걸상띠'라는 이름을 써요. 어린 동생은 '아기걸상'에 앉히지요. 마실길을 즐겁게 다녀온 우리는 차를 세울 적에 둘레를 살피면서 '됐어'나 '좋아' 하고 말하면서 알려주어요. 한데에 오래 둔다거나, 지붕이 없는 자동차라면 덮개를 씌우겠지요. 짐차는 '짐덮개'를 쓰고, 여느 차는 '차덮개'를 써요.

23 힘이 나는 놀라운 말

바람힘 · 별빛 · 손놀림 · 손힘 · 전기힘 · 햇볕힘

연필 한 자루에 힘이 있어요. 사각사각 글을 쓰고 스윽스윽 그림을 그려서 우리 꿈을 빚어요. 이 꿈을 이루려는 마음은 날마다 즐거운 마음을 북돋아요. 참말 연필 한 자루는 힘이 세어요.

호미 한 자루로 밭을 갈고 씨앗을 심어요. 씨앗이 터서 꽃이 피기도 하고 열매를 맺기도 해요. 아주 작은 손놀림으로 호미를 쥐었는데, 이 작은 손놀림에 힘이 있어요. 참으로 작은 손놀림은 힘이 세네요.

말 한마디를 상냥하게 들려주어요. 이 상냥한 말을 들은 동무나 이웃이 상냥하게 새로운 이야기를 들려주어요. 가만가만 터져나오는 밝은 이야기는 반갑습니다. 고작 말 한마디일 뿐이라지만, 이

한마디에 상냥한 숨결을 실으니 힘이 세군요.

전기를 쓰려고 발전소를 세워요. 전기로 움직이는 기계가 매우 많거든요. 전기가 뚝 끊어지면 도시는 몽땅 멈출 만해요. 지하철이나 지하상가가 멈추고, 손전화에 밥을 줄 수 없습니다. 인터넷이나 컴퓨터는 먹통이 돼요. 전기가 끊어지고 신호등이 모두 꺼지면 찻길을 가득 채운 자동차도 옴짝달싹하지 못할 테고요.

예전에는 '손힘·다릿심·몸힘'으로 살림을 지었어요. 집살림이나 마을살림을 모두 '손·다리·몸'에서 흐르는 힘으로 가꾸었어요. 오늘날에는 손·다리·몸을 쓰기보다는 기계를 빌리지요. '기계힘'을 빌려서 일을 하는데, 이 기계는 전기한테서 힘을 얻어요. '전기힘'이라고 할까요?

전기힘은 석유나 석탄이나 가스를 태워서 얻습니다. '석유힘·석탄힘·가스힘'으로 전기를 쓰는 셈이에요. 이밖에 우라늄에서 뽑아내는 힘으로 원자력 발전소를 돌려요. 석유·석탄·가스·우라늄을 처음 쓰던 때에는 여기에서 쓰레기(공해)가 나오는 줄 몰랐어요. 그때는 석유·석탄·가스·우라늄을 태워서 전기를 얻는 발전소가 어떤 쓰레기를 내놓는가를 따지지 않았지요. 나중에 이르러서야 발전소가 우리 살림살이나 숲이나 마을이나 바다를 망가뜨릴 수 있다고 깨달았어요. 이제는 쓰레기가 없는 전기, 이른바 깨끗한 전기를 얻자는 생각을 비로소 합니다.

우리는 햇볕이나 햇빛한테서 힘을 얻고, 냇물이나 바람한테서 힘을 얻을 수 있어요. 땅이나 물결한테서 힘을 얻을 수 있고요. 햇볕으로 '햇볕힘'을 얻어요. 바람으로 '바람힘'을 얻고요. 물결로 '물결힘'을 얻지요. 크게 치는 물결인 너울이라면 '너울힘'을 얻을 테고요.

석유나 석탄을 태우자면 땅속에서 석유나 석탄을 자꾸 뽑아내야 하니 땅이 가라앉을 테고 쓰레기는 자꾸 나와요. 우라늄을 태우면 무시무시한 핵무기나 방사능이 불거져요. 해나 바람이나 물은

언제나 우리 곁에서 흐르기에 끝없는 힘이 되면서 쓰레기는 하나도 없는 깨끗하면서 아름다운 힘이 될 수 있어요.

호미 한 자루를 써서 밭을 일군 뒤에 씨앗 한 톨을 심으면서 생각해 볼까요. 해바라기씨도 심고 옥수수씨랑 당근씨를 심으면서 생각해 봐요. 기계힘을 빌려 더 빨리 일을 마칠 적에는 어떤 도움을 받되 쓰레기는 어느 만큼 나올까요? 우리 두 손으로 일을 할 적에는 어떤 보람을 누리면서 이 땅을 어느 만큼 보살필 만할까요?

먼 길을 갈 적에는 자동차를 타면 한결 수월해요. 가까운 길을 갈 적에는 두 다리로 넉넉하지요. 자전거를 달릴 수 있고요. 가벼운 빨래나 설거지는 두 손으로 끝마칠 수 있어요. 다리가 아프거나 몸이 힘들다면 저절로 움직이는 계단이나 승강기를 탈 만하지만, 다리가 튼튼하거나 몸이 씩씩하다면 여느 계단을 야무지게 디딜 만해요.

도시에는 사람이 많고 찻길이나 건물도 많다 보니 전기를 많이 써야 하는데, 이 많은 전기를 댈 만한 커다란 발전소를 지을 땅이 모자라다고 합니다. 그래서 도시에서 꽤 먼 시골에서 숲이나 골짜기나 마을을 밀어서 발전소를 커다랗게 짓고는 송전탑으로 전깃줄을 길게 도시까지 잇곤 해요. 도시라는 마을이 스스로 살림을 짓지 못하기 때문에 숲이나 시골이나 멧골을 망가뜨리는 셈인데요, 건물 바깥벽이나 옥상에 햇볕힘을 얻는 전지판을 붙여 볼 수 있을까

요? 이는 이웃나라는 도시에 있는 건물 바깥벽이나 옥상에 붙인 햇볕전지판으로 웬만한 전기를 거의 댄다고 합니다. 고속도로에 햇볕전지판으로 뚜껑을 씌워도 전기를 넉넉히 얻을 만할 테고요.

지난날에는 호롱불이나 촛불 하나로 조그맣게 불을 밝혔어요. 그때는 보름달뿐 아니라 반달일 적에도 밤이 밝고 별빛이 환해서 밤길을 걷기에도 좋았다고 합니다. 오늘날 우리는 작은 불빛으로는 어림없어서 전깃불빛을 크게 밝히지요. 별빛이나 달빛은 어느새 잊어요. 낮에도 건물이나 지하상가나 지하철에 있으면 햇빛까지 잊지요.

우리가 사는 마을이 아름답자면 우리 이웃에 있는 마을도 아름다울 수 있어야지 싶어요. 우리가 사는 마을에서 전기를 쓰려고 이웃마을에 발전소를 세운다면, 이웃마을은 몹시 고단하거든요. 또한, 이웃마을에서 우리 마을까지 송전탑을 세워야 하니 송전탑이 서야 하는 다른 이웃마을도 고단해요. 함께 사는 마을이 되고 함께 기쁜 마을이 되자면 우리는 어떤 힘을 어떻게 다스리면서 어떻게 쓸 때 아름다울까 하고 생각해야지 싶습니다. 모든 마을이 사랑스러운 힘을 쓰고, 사랑스러운 꿈을 나누며, 사랑스러운 손길로 어깨동무를 할 수 있기를 바라요. 보드랍고 든든하며 어여쁜 힘을 지을 수 있도록 어린이 여러분도 슬기로운 마음을 다 같이 가꾸기를 바랍니다.

24

곳마다 꽃으로 거듭나는 말

곳곳 · 새로짓기 · 숲정이 · 자투리땅 · 질그릇 · 처네 · 하늘숨

마을은 여러 집이 모인 곳입니다. 집은 사람이 저마다 살림을 지으면서 사는 곳입니다. 집은 사람뿐 아니라 짐승이나 벌레가 사는 곳을 가리키기도 합니다. 둥지나 보금자리는 새가 깃들여 지내는 곳입니다. 고을은 마을보다 큰 곳이요, 고장은 고을보다 큰 곳입니다. 나라는 여러 고장이 모여서 이루는 곳입니다. 지구라고 하는 이 별은 여러 나라가 서로 어깨동무를 하는 곳입니다. 지구는 다시 해 둘레를 빙글빙글 돌며 해누리를 이루는데, 이 해누리는 지구를 비롯한 여러 별이 함께 어우러진 곳이에요.

우리는 늘 어느 곳에 머물면서 삽니다. 때로는 한곳에 뿌리를 내리면서 살고, 때로는 다른 곳을 찾아서 돌아다녀요. 마을에서도

집에서도 늘 어느 곳에 있으면서 이야기가 피어나지요. 나들이나 마실을 다닐 적에도 이곳에서 저곳으로 움직여요.

곳곳에서 저마다 다른 사람들이 저마다 다른 살림을 지으면서 즐겁게 삶터를 가꿉니다. 나라마다 나라말이 있고, 고장마다 고장말이 있으며, 마을마다 마을말이 있고, 집마다 집말이 있어요. 곳마다 말이 달라요. '곳말'이라고 할까요? 여러 곳에 여러 말이 있어요. 살림이 다르고 터전이 다르기에 말이 다르니, 이 다른 살림이랑 터전마다 다른 이야기와 생각과 꿈이 흐른다고 할 만합니다.

오늘날 서울 같은 커다란 도시에는 숲정이 같은 마을숲이 자취를 감춥니다. 땅값이 비싸다면서 자투리땅에까지 건물을 세우려 하고, 건물을 세우지 않으면 자동차를 대거든요. 나무가 설 틈이 모자라고, 어린이가 신나게 뛰놀 빈터가 자취를 감춰요. 자투리땅이 사라지니 김칫독을 묻을 만한 자리도 사라지지요. 여러 집이 어우러져서 이야기를 나누거나 두레일을 할 만한 마당도 사라져요.

숲정이가 사라지는 마을에서는 빈터도 사라지기에 흙을 보거나 만질 틈이 없기도 합니다. 마을에서 흙이 사라지면서 이 흙으로 짓는 살림까지 차츰 사라져요. 지난날에는 짚으로 지붕을 이거나 기와로 지붕을 얹었지만, 오늘날에는 그저 시멘트를 쓸 뿐이에요. 흙에서 난 짚이나 기와로 지붕을 얹고 흙에서 자란 나무로 기둥을 세우던 지난날 흙집은 한결같이 살가웠어요. 이 흙집을 허물고 새로

곳마다 꽃으로 거듭나는 말 _ 161

지을 적에는 모두 되쓸 수 있었어요. 이와 달리 오늘날 마을을 이루는 크고 작은 시멘트집은 이 집을 허물려고 하면 모두 쓰레기가 되고 말아요.

우리가 사는 곳은 어떤 마을이 될까요? 살림을 아끼거나 되쓰거나 북돋울 만한 마을이 될까요? 바깥에서 온갖 지하자원을 끌어들여야만 하는 마을이 될까요?

처네에 업혀서 자라는 어린이가 줄어듭니다. 포대기에 안겨 아기수레를 타면서 자라는 어린이가 늘어납니다. 처네에 업히지 않

으니 처네를 알 길이 없습니다. 배냇저고리도 바지도 여느 옷도 손수 실하고 바늘을 놀려서 짓지 않을 적에는 이러한 옷가지를 찬찬히 알기 어렵습니다. 손수 짓지 못하는 집살림일 적에는 손수 일구는 마을살림이 되지 못합니다. 집살림이나 마을살림을 손수 빚지 못한다면 나라살림도 우리 스스로 여미지 못하기 마련입니다.

살림을 손수 가꿀 때에 생각을 손수 가꿉니다. 살림을 손수 가꾸지 못할 때에는 생각도 손수 가꾸지 못하기 마련입니다. 살림과 생각을 손수 가꿀 때에는 말도 손수 가꾸어요. 그러니 살림과 생각을 손수 가꾸지 못할 때에는 말도 손수 가꾸지 못하기 마련이지요.

작은 질그릇에도 이 질그릇을 빚는 사람이 따스이 어루만지는 손길이 스밉니다. 종지에도 보시기에도 이 종지와 보시기를 빚은 사람들 손길이 따스이 흘러요.

마을이라는 곳은 그저 집집이 모인 자리가 아닙니다. 집이라는 곳은 그저 밥을 먹고 잠을 자면서 쉬는 자리가 아닙니다. 여러 살림집이 저마다 즐겁게 꿈을 꾸면서 사랑스레 살림을 짓는 곳일 적에 비로소 마을이라 할 만합니다. 아이와 어른이 서로 아끼고 돌보는 기쁜 마음으로 오순도순 재미나고 알뜰한 살림을 짓는 곳일 적에 참으로 집이라고 할 만해요. 아침마다 하루를 새로 짓고, 밤마다 꿈을 새로 짓는 집이 모여서 마을을 이루어요. 이야기를 새로 짓고 노래를 새로 지어요. 기쁨을 새로 짓고 사랑을 새로 짓습니다. '새로짓기'입니다. 집이나 마을은 우리 삶을 새롭게 짓는 터전입니다.

파란 하늘 같은 파란 바람을 마시는 하루입니다. 마을에 파란 하늘 같은 싱그러운 바람이 붑니다. 집집마다 파란 하늘 같은 산뜻한 바람이 입니다. 파란 하늘 같은 바람을 마시니, 우리는 모두 하늘숨을 쉬는 이웃이 됩니다. 하늘바람이고 하늘숨이요 하늘노래입니다. 우리가 살림을 지으면서 삶을 누리는 이곳은 하늘바람이 흐르고 하늘숨을 나누는 하늘마을이리라 생각합니다. 파랗게 산들바람이 불고, 푸르게 숲바람이 일렁입니다.

이야기를 마무르는 말

이야기꽃을 피우며 꿈꾸자

일을 끝맺을 적에 '마무리하다'라고 해요. 이와 비슷하지만 살며시 결이 다른 '마무르다'라는 낱말이 있어요. '마무르다'도 어떤 일이 잘 끝나도록 다스리는 몸짓을 가리켜요. 『마을에서 살려낸 우리말』이라는 책으로 스물네 가지 이야기를 들려주고 나서 마무르는 말을 붙여 볼게요.

지난 『숲에서 살려낸 우리말』에서는 "수수께끼 놀이 하자" 하는 말로 책을 마물렀어요. 이 책에서는 "이야기꽃을 피우며 꿈꾸자" 하는 말로 마무릅니다. "수수께끼 놀이"란 우리한테 궁금한 이야기를 우리 스스로 묻고 우리 스스로 풀어 보자는 뜻이에요. "이야기꽃 피우는 꿈"은 스스로 궁금한 이야기를 풀었으면, 이렇게 풀어낸 실마리를 마음껏 펼쳐서 날개돋이를 해 보자는 뜻입니다.

말길을 활짝 트면서 생각을 활짝 트면 좋겠어요. 가슴을 펴고 씩씩하게 날아오르는 마음이 되면 좋겠어요.

우리 입에서 흘러나오는 말은 모두 우리한테 돌아오는 줄 잘 되새기면 좋겠어요. 예부터 어른들이 들려주는 "가는 말이 고와야 오는 말이 곱다"는 말처럼, 누구보다 우리 스스로 먼저 고운 말을 즐겁게 지어서 쓸 수 있기를 빌어요. 둘레에서 아무리 우리한테 밉거나 싫은 말을 하더라도, 우리는 싱긋 웃음을 띠면서 고운 말을 건넬 수 있기를 바라요.

생각해 봐요. 둘레에서 우리를 괴롭히려고 밉거나 싫거나 궂은 말을 퍼붓더라도 우리가 그런 말은 아랑곳하지 않고 한귀로 흘리면서 고운 말을 상냥한 눈빛으로 건네면, 우리 둘레에서는 아마 깜짝 놀랄 테지요. 남이 나한테 주는 사랑스러운 말이 아닌, 내가 바로 나한테 주는 사랑스러운 말이랍니다. 이러면서 우리는 우리가 스스로 선물한 사랑스러운 말을 둘레에 아낌없이 나누어 줄 수 있어요.

생각하는 말이 사랑하는 말이 되어요. 사랑하는 말이 생각하는 말이 되지요. 꿈꾸는 말이 꽃처럼 피어나는 말이 되고, 꽃처럼 피어나는 말이 꿈으로 다시 샘솟는 말이 되어요. 말꽃잔치 벌어진 이 한마당에 온누리 아이들이 함박웃음을 짓는 기쁨누리를 가꾸려는 손길로 글월을 띄웁니다.

붙임말 1

책에 나온 낱말 뜻 헤아려 보기

 **1. 마을에서 노래하는 말**

- **골목꽃** 골목마을에 핀 꽃이에요. 들에서는 '들꽃'이고, 숲에서는 '숲꽃'입니다.
- **골목놀이** 골목에서 하는 놀이를 가리켜요. 학교에서 하는 놀이라면 '학교놀이'가 됩니다.
- **골목마실** 골목을 두루 돌아다니면서 살피는 일을 가리켜요. 골목을 여행한다고 할 적에도 '골목마실'이고, 가볍게 골목을 둘러볼 적에도 '골목마실'입니다.
- **골목비둘기** 예전에는 들이나 숲에서 비둘기가 살았다면, 요새는 도시에서도 비둘기를 봐요. 도시에서 만나는 비둘기는 '골목비둘기'라 할 수 있어요. 멧골에는 '멧비둘기(산비둘기)'가 있고, 섬에는 '섬비둘기'가 있어요.
- **노래마을** 노래가 흐르는 마을입니다. 사랑이 흐르는 마을은 '사랑마을'이고, 꿈이 가득한 마을은 '꿈마을'이에요.
- **마실** '마을'을 뜻하기도 하면서 '나들이'를 뜻하기도 해요. 가볍게 가까운 곳을 찾아가거나 돌아다니는 일을 가리켜요.

- **마을돈** 나라가 아닌 마을에서 주고받으려는 뜻으로 내놓은 돈인 '마을돈'이에요. '지역화폐'라고도 합니다.
- **마을신문** 마을에서 흐르는 이야기를 다루는 신문이 '마을신문'이에요. 학급에서는 '학급신문'을 내고, 인터넷에서는 '인터넷신문'이 있어요.
- **새마을** 새로 생긴 마을을 가리켜요. '새터'라고도 하는데, 한자를 빌려 '신촌'이라는 이름을 쓰기도 해요.
- **어귀** "마을 어귀"나 "학교 어귀"처럼 쓰면서 '드나드는 목이 되는 자리'를 가리켜요.

2. 집이 모여 이웃이 손잡는 말

- **동무집** 동무가 사는 집이기에 '동무집'이에요. 동무는 가까이에서 이웃으로 있기도 하지만 먼 곳에 있기도 하지요.
- **두레** 시골에서 바쁜 시골일을 함께 하면서 돕는 모임을 가리키는 이름이에요. 오늘날에는 시골에서 시골일을 할 적이 아니더라도, 즐거이 돕는 마음으로 함께 모이는 자리를 가리킬 수 있습니다.
- **모둠집** 집 한 채에 여러 식구가 모여서 산다면 '모둠집'이라고 할 수 있어요.
- **보금자리** 새가 나뭇가지나 솜털이나 짚을 모아서 짓는 집을 가리켜요. 아늑하고 포근한 터전이 되는 새집인데, 이를 빗대어 '사람이 아늑하고 포근하게 가꾸는 삶터'를 나타내기도 해요.
- **석 간** 예부터 이 땅에서 지은 살림집은 흔히 '석 간'으로 지었다고 해요. 이를 한자말을 빌려 초가'삼간'처럼 쓰기도 해요.
- **섬돌** 신을 벗어놓으며 올라서는 돌을 가리켜요. 시골집은 마루가 높기에 마루로 올라가기 좋도록 섬돌을 놓곤 해요.

- **숲집** 숲을 이루는 집입니다. 또는 숲에 있는 집입니다. 또는 숲이 되는 집입니다. 숲과 같은 숨결이나 할 수도 있는 집입니다.
- **어깨동무** 내 팔을 옆에 있는 사람 어깨에 얹는 몸짓을 가리키는 낱말이에요. 둘이나 서넛이나 여럿이 서로 어깨를 끼고서 놀기도 해요. 팔을 서로 어깨에 얹어 끼려면 키나 몸집이 비슷해야 해요. 그래서 나이나 키, 몸집이 비슷한 동무를 가리키는 자리에서도 쓰고, 사이좋게 어울리는 동무 사이를 가리키는 자리에서도 써요.
- **이웃집** 이웃에 있는 집이에요.
- **작은집** 크기가 작은 집이기에 '작은집'이에요. 어른들은 '소형주택'이라는 말을 으레 쓰지요.
- **쪽마루** 아주 조그마한 자리에 놓은 마루를 가리키는데, 아파트 '다용도실' 같은 자리입니다.
- **층집** 층을 이룬 집이에요. '아파트'가 층을 이룬 집이지요.
- **하늘바라기집** 하늘을 바라보는 자리에 있는 집이에요. '옥탑집'이라고도 합니다.

3. 가게에서 사이좋게 나누는 말

- **길장사** 가게가 아닌 길바닥에 자리를 깔고서 물건을 파는 일을 가리킵니다.
- **닷새마당** 닷새마다 모여서 이루는 마당을 가리켜요. 저잣마당을 닷새에 한 번 모여서 이루면 '닷새마당'이고, 사흘마다 한 번 모여서 이루면 '사흘마당'입니다. 이를 '오일장'이나 '삼일장'이라고도 해요.
- **에누리** 물건값을 제값보다 더 부르거나 깎는 일을 모두 가리켜요. 그리고 잘못을 한 사람이 있을 적에 이를 봐주는 일을 가리키는 자리에서도 써요. "동

생이 저지른 잘못을 봐주지도 않다니, 에누리도 없구나."처럼 씁니다.
- **우람가게** 크기가 우람한 가게예요. 요새는 '대형마트'라고도 합니다.
- **우수** 받기로 한 숫자를 넘어서 더 받는 물건을 가리켜요. '덤'하고 비슷하지요. '우수리'하고 같은 뜻으로 쓰기도 해요.
- **우수리** 물건값을 치를 적에 거슬러서 받는 돈을 가리켜요
- **이웃가게** 서로 사이좋게 어우러지는 가게를 가리켜요. 또는 이웃에 있으면서 서로 돕는 가게를 가리켜요. 그리고 같은 이름을 쓰는 가게도 가리켜요. 이른바 '체인점'입니다.
- **작은가게** 크기가 자그마한 가게예요.
- **저자** 물건을 사고파는 사람들이 모이거나, 가게가 모인 자리를 가리켜요. 한자말로는 '시장'이라고도 해요.
- **저자보기** 저잣거리에 가서 물건을 장만하는 일입니다. '장보기'라고도 해요.
- **컴퓨터집** 컴퓨터를 사고팔거나 고치는 일을 하는 가게예요.
- **튀김닭집** 튀김닭을 파는 가게이기에 '튀김닭집'이에요. 흔히 '치킨집'이라고 합니다.
- **흥정** 물건을 사고파는 일이나, 물건을 사고팔면서 값을 어떻게 하겠다고 말을 주고받는 일을 가리켜요.

4. 잔치로 환하게 어우러지는 말

- **겨울잔치** 겨울에 즐기는 잔치예요. 겨울이기에 누리는 기쁜 일이기에 겨울잔치예요.
- **곰국** 오랫동안 고아서 끓인 국이에요.
- **국** 물을 많이 하고 건더기를 적게 하면서 끓여요.

- **누리잔치** 온누리를 아우르는 잔치예요. 이를테면 우주를 아우를 만큼 기쁜 일이 있다고 한다면 '누리잔치'가 되겠지요.
- **달리기잔치** 온갖 달리기를 하기에 '달리기잔치'입니다. 우리가 온갖 놀이를 두루 누리려 한다면 '놀이잔치'가 돼요.
- **먹을거리** 밥이나 빵이나 국이나 과자를 비롯한 모든 '먹는 것'을 가리킵니다.
- **밥감** 글을 쓸 적에는 '글감'이 있어야 해요. 놀이를 할 적에는 '놀잇감'이 있을 테고요. 이처럼 밥을 지을 적에는 '밥감'이 있어야 밥을 짓습니다. 어른들은 '식재료'라고 하는 좀 어려운 한자말을 흔히 써요.
- **밥상맡** 밥상 둘레를 '밥상맡'이라고 해요. '-맡'이라는 낱말을 붙여서 '책상맡'이나 '잠자리맡'처럼 써요.
- **밥잔치** 밥을 나누는 잔치를 가리키지요. 온갖 먹을거리가 골고루 잔뜩 있는 자리를 가리키기도 해요.
- **예순잔치** 예순 해를 살아온 날을 기리는 잔치예요. 일흔 해를 살아온 날을 기리면 '일흔잔치'예요. 이를 '환갑잔치'나 '칠순잔치'라고도 합니다.
- **잔칫날** 잔치를 벌이는 날이 '잔칫날'입니다. 또는 아주 기쁜 날을 가리키기도 해요.
- **잔칫밥** 잔칫날 나누는 밥이에요. 잔칫날이기에 먹을 수 있는 밥이기도 하고, 여느 때에는 구경하기 어려운 남다르거나 놀랍거나 멋진 밥을 가리키기도 해요.
- **찌개** 물을 적게 하고 건더기를 많이 하면서 끓여요.
- **큰잔치** 크게 이루는 잔치를 가리켜요. 널리 알리면서 다 같이 크게 기뻐하는 자리도 '큰잔치'라고 할 수 있어요.
- **흰김치** 고춧가루를 쓰지 않고 소금으로만 간을 하고 양념을 맑게 한 김치예요.

5. 모임을 이루어 넉넉한 말

- **갈무리** 물건을 잘 다스리면서 두는 일을 가리켜요.
- **거름짓기** 시골에서 흙을 지으면서 거름을 내면 '거름짓기'인데, 똥오줌을 거름으로 삼아서 흙을 짓는 일을 가리켜요. '유기농'이라고도 해요.
- **노래모임** 노래를 좋아하는 사람이 모이면 '노래모임'이에요. 노래를 부르는 자리가 될 수 있고, 그저 노래를 좋아하는 자리가 될 수 있어요.
- **동아리** 한자리에 모여서 한뜻이 되어 움직이는 자리를 가리켜요.
- **두레누리** 어떤 일을 하든 서로 돕고 아낄 수 있는 온누리가 된다면 '두레누리'예요.
- **두레살이** 서로 손을 모아서 돕고 아끼면서 어떤 일을 하는 삶이기에 '두레살이'예요.
- **모둠** 모임을 작게 따로 가르는 자리를 가리키고 흔히 학교에서 쓰지요.
- **모임** 모이는 일을 가리키고, 모여서 어떤 일을 하는 자리를 가리켜요.
- **사랑모임** 어느 한 가지를 사랑하자는 뜻으로 모이는 일이에요. 줄여서 '사모'처럼 쓰지요. '춤사모'나 '빵사모'나 '게임사모'나 '여행사모'나 '책사모'처럼 쓸 수 있어요.
- **살림두레** 살림을 가꾸거나 북돋우려고 여럿이 힘을 모으는 자리를 가리켜요. '생활협동조합(생협)'이 바로 '살림두레'예요.
- **어깨이웃** '어깨동무'처럼 어깨를 서로 결을 만한 이웃이 '어깨이웃'이에요. 사이좋게 서로 아끼는 이웃이라는 뜻이에요. '어깨마을'이나 '어깨나라'처럼 쓸 수 있어요.
- **흙짓기** 흙을 짓는 일이에요. 한자말로는 '농사'라고도 하고, 한겨레 옛말로 '여름지이'가 있어요.

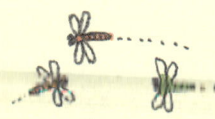

6. 배움님이 되어 나누는 따뜻한 말

- **글쓰기** 글을 쓰는 일이기에 '글쓰기'예요. 글을 새로 짓는다면 '글짓기'이지요.
- **가르치다** 잘 알 수 있도록 이끌거나 이야기하는 일을 가리켜요.
- **가시내** 예부터 한겨레는 '남자·여자'를 '사내·가시내'라는 이름으로 가리켰어요. 오늘날에는 '남자·여자'라는 한자말만 널리 쓰지요.
- **또래** 나이가 비슷한 사람을 가리켜요.
- **배움길** 배우는 길이기에 '배움길'이에요. 배우려고 씩씩하게 나서거나 떠나는 길도 배움길이에요. '유학'을 다녀온다고 하는데, '유학'이란 바로 배움길입니다.
- **배움님** 배우는 사람을 두고 '학생'이라고도 하는데, 배우기에 '배움이'가 되기도 해요. '배움님'은 '배우는 사람'을 아끼거나 높이려는 뜻으로 가리키는 이름이에요.
- **배움동무** 함께 배우는 동무이기에 '배움동무'예요. 함께 놀면 '놀이동무'가 되지요. 함께 배우면서 가까이 어울리는 사람이라면 '배움벗'이고, 나이가 비슷하면서 함께 배우는 사람이라면 '배움또래'예요.
- **배움바라지** 다른 걱정을 하지 않고 오직 배움만 생각하도록 돕는 일입니다.
- **배움집** 배우는 곳이기에 '배움집'이에요. 학교가 바로 배움집이 되지요. 그런데 학교뿐 아니라 집이나 마을에서도 서로 가르치고 배울 수 있으니 '배움집'이라고 할 적에는 '배우는 모든 곳'을 가리킨다고 할 만해요.
- **배움책** 배우는 책이기에 '배움책'이에요. 교과서나 교재나 참고서는 모두 배움책이에요.
- **벗** 나이가 비슷하면서 가까이 어울리는 사람이에요.
- **살림살이** 살림을 차려서 사는 일이나, 살림을 하며 쓰는 물건을 '살림살이'라

고 해요. 살림을 차려서 살리려면 밥이나 옷이나 집을 건사하거나 다스릴 줄 알아야 해요. 그러니까 밥이나 옷이나 집하고 얽힌 여러 가지를 '살림살이'라고 해요.

- **선생님** 학교에서 학생을 가르치는 몫을 맡은 사람을 높이려는 뜻으로 '선생님'이라고 해요. '선생'은 먼저 태어났다는 뜻으로 쓰는 한자말이고, 한국말로는 '스승'이라고 해요.
- **슬기** 철이 들어서 어떤 일을 옳거나 바르게 살피거나 바라보면서 일을 할 수 있는 마음을 가리켜요.

7. 쉬다 보니 기운이 샘솟는 말

- **겨를** 어떤 일을 하다가 생각을 다른 데로 살짝 돌릴 만한 짧은 때를 가리켜요.
- **깁다** 닳거나 찢어진 자리를 실하고 바늘로 얽어서 묶는 일을 가리켜요.
- **느린밥** 서두르거나 바쁘게 먹지 않는 밥이 '느린밥'이에요. 느리게 먹는 밥인 '느린밥'은 손수 지어서 차근차근 즐기는 밥이기도 하고, 손수 씨앗을 심어서 거두고는 이 열매로 천천히 짓는 밥을 가리키기도 해요.
- **느린배움** 서두르지 않고 차근차근 배우기에 '느린배움'이에요. 하나씩 단단히 따지고 살피고 헤아리듯이 배운다는 뜻이에요.
- **뜯어지다** 하나로 있던 것이 여럿으로 갈라지는 일을 가리켜요. "옷이 뜯어지다"라 하면 멀쩡하던 옷 가운데 어느 한쪽이 마치 구멍이 나듯이 갈라진 모습을 나타내지요.
- **말미** 어떤 일을 하다가 이 일을 살짝 쉴 수 있을 만한 때를 가리켜요. '휴가'를 가리키기도 해요.

- **버스터** 버스가 서는 곳이지요. 버스를 타는 곳이기도 해요. '버스 정류장'이나 '버스 너미널' 모두 가리켜요.
- **보람** "다른 것하고 섞이지 않도록 잘 알아보도록 해 놓은 것"을 '보람'이라고 하는데, "어떤 일을 하면서 마음에서 샘솟는 기쁨이나 즐거움"을 가리키기도 해요.
- **쉬는차** 택시를 잘 살피면 '쉬는차'라는 글자를 밝히곤 해요. 일을 하지 않고 쉰다고 할 적에, 택시나 버스나 전철이나 기차는 '쉬는차'가 됩니다.
- **쉼날** 쉬는 날이 '쉼날'이에요. '휴일'이라고도 합니다.
- **쉼터** 쉬는 터가 '쉼터'예요. 쉴 수 있는 자리를 가리켜요.
- **여름말미** 학교에서 맞이하는 '여름방학'이 '여름말미'예요. '겨울방학'이라면 '겨울말미'입니다.
- **자랑** 어떤 일을 훌륭하게 했다고 여겨서 남한테서 좋은 말을 듣고 싶어서 이러한 마음을 드러내어 보이는 몸짓이나 모습을 가리켜요.
- **짬** "두 가지가 마주 붙은 자리"나 "어떤 일을 하다가 다른 일을 할 만한 짧은 때"를 가리켜요.

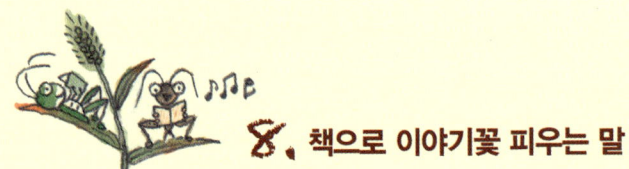

8. 책으로 이야기꽃 피우는 말

- **고장말** 어느 고장에서 쓰는 말이기에 '고장말'입니다. 사투리 가운데 가장 큰 테두리에서 쓰는 말이 '고장말'이고, 이보다 작은 테두리에서는 '고을말'하고 '마을말'하고 '집말'이 있어요.
- **마음책** 마음을 담는 책이기에 '마음책'이에요.
- **삶말** 삶을 담은 말이기에 '삶말'이에요. 삶에서 우러나오거나 삶에서 비롯한 말일 때에 '삶말'입니다.

- **생각책** 생각을 담는 책이기에 '생각책'이에요.
- **숲말** 숲내음이 흐르고 숲다운 기운이 흐르면 '숲말'이에요. 또는 숲에서 태어난 말이 숲말이지요. 숲을 사랑하거나 숲을 노래하는 말이 숲말이 되기도 해요.
- **숲책** 숲이라고 하는 숨결을 담은 책이 '숲책'이에요. 숲을 이야기하는 책도 숲책이고, 숲을 다루거나 밝히는 책도 숲책이지요. 숲을 가꾸는 슬기를 들려주어도 숲책입니다.
- **오늘이야기** '옛날이야기'하고 맞서서 쓰는 이름이에요. 오늘 이곳에서 누리거나 즐기거나 겪는 이야기를 가리켜요.
- **이야기** "생각이나 마음을 말하고 듣는 일"을 가리켜요. 한쪽으로만 흐르는 말이 아니라, 이쪽저쪽에서 흐르면서 오가는 말일 때에 이야기예요. "서로 주고받는 말"이 될 때에 이야기예요. 재미나게 꾸며서 들려주는 말도 이야기라고 해요.
- **책손질** 책을 손질하는 일이에요. 다치거나 망가진 책을 잘 살펴서 새롭게 꾸미는 일입니다.
- **책쓰기** 책을 쓰는 일이 '책쓰기'예요. 책을 읽기에 '책읽기'라고 하지요? 글을 쓰니 '글쓰기'이듯이, 책을 쓴다면 '책쓰기'이지요.
- **책찻집** 책을 사고팔면서 마실거리(차)도 함께 파는 가게를 가리켜요. 또는 책을 읽을 수 있으면서 차도 마실 수 있는 곳을 가리켜요.

9. 누리마다 고이 퍼지는 말

- **골** '10,000(만)'을 가리키는 한국말입니다.
- **골백번** "여러 번"을 힘주어 가리키는 말이에요. 수없이 되풀이하고 또 되풀

이한다는 뜻이지요.
- **누리** 사람이 살아가는 모든 것이나 무엇으로 가득하거나 이루어진 곳을 가리켜요.
- **별내** 별이 냇물처럼 흐르는 모습을 가리키는 '별내'예요. '미리내'라고도 해요.
- **사랑누리** 사랑이 가득한 곳을 가리킵니다. '사랑나라'라 할 수 있지요.
- **싸움나라** 싸움이 그치지 않는 나라를 가리켜요. 나라뿐 아니라 학급이나 마을이나 집에서도 늘 싸움만 일어난다면 '싸움나라'입니다.
- **온** '100(백)'을 가리키는 한국말이에요. 그리고 '온'은 "모든"이나 "오롯한" 것을 가리키기도 합니다.
- **온눈** '온'이 "모든"을 뜻하기도 하듯이 "모든 것을 두루 꿰뚫어 볼 줄 아는 눈"을 가리켜요.
- **온둥이** 백 해를 묶어서 '세기'라는 낱말로 가리키곤 해요. 1900년대에서 2000년대로 접어들면 백 해가 지났기에 '세기'가 바뀌었다고 합니다. 이처럼 백 해라는 나날이 새로 흘러서 바뀌는 때에 태어난 아이를 '온둥이'라고 할 만해요.
- **울** '울'은 숫자로 '1,000,000,000,000(조)'를 가리키는 오랜 한국말이에요. '조'라는 숫자는 대단히 커서 "이루 헤아릴 수 없을 만큼 많거나 너른" 모습을 가리키려는 뜻으로 '한울'처럼 쓰기도 해요.
- **웃음누리** 웃음이 가득한 곳을 가리켜요. '웃음나라'라 할 수 있어요.
- **잘** '100,000,000(억)'을 가리키는 한국말입니다.
- **즈믄** '1,000(천)'을 가리키는 한국말입니다.
- **즈믄둥이** 새로운 1000년대 해로 바뀌는 해에 태어난 아이입니다. 이를테면 1000년 그해나 2000년 그해에 태어난 아이.
- **한가람** 서울 한복판을 가로지르는 강을 가리키는 한국말 이름이에요.
- **한나라** 하나로 이룬 나라라든지 하나가 된 나라를 가리켜요. 그리고 '한국'을

가리키는 한국말 이름이기도 해요. "하나인 나라"는 "하나로 커다란 나라"나 "하나로 하늘 같은 나라"를 뜻하기도 합니다.
- **해누리** 해가 한복판에 서면서 여러 별이 함께 있는 곳이에요. 이른바 '태양계'이지요.

10. 그림으로 날아오르는 말

- **권정생 집** 권정생 님을 기리는 집을 가리켜요. '권정생 기념관'이나 '권정생 문학관'을 가리키지요.
- **꽃놀이터** 꽃이 가득 핀 놀이터입니다. 또는 꽃내음 같은 보드랍고 향긋한 기운이 흐르는 놀이터예요.
- **그림터** 그림이 한가득 모인 곳이에요. '미술관'을 가리킬 수 있습니다.
- **기림집** 어떤 일이나 사람을 기리는 곳을 가리켜요. '기념관'이기도 해요.
- **날** "지구가 한 바퀴를 도는 동안"을 가리키지요. 이 흐름을 바탕으로 '하루'를 가리키기도 하고, '날씨'나 '날짜'도 가리켜요. '낮'을 가리키기도 하고, "어떤 일을 하기에 알맞을 만한 때"를 가리키기도 해요.
- **놀이마당** 놀이를 마음껏 펼칠 수 있는 자리나, 놀이가 신나게 이루어지는 자리예요.
- **동화나라** 동화가 가득한 곳을 가리켜요. '동화누리'라고 할 수도 있어요.
- **마을쉼터** 마을에서 마을사람이 쉴 만한 자리예요. 마을사람이 오순도순 모여서 이야기를 나누는 곳이기도 해요.
- **부산책누리** '부산도서관'을 '부산책누리'라 할 수 있어요. '부산책터'라 할 수도 있어요.
- **살림그림** 살림을 어떻게 다스리려 하는가 하는 생각을 지으면서 이를 그림처

럼 빚는 일을 가리켜요.
- **살림누리** 살림살이를 가득 모은 곳을 가리키는데, '박물관'을 '살림누리'라 할 수 있어요. 왜냐하면 박물관에는 옛사람이 쓰시거나 다루던 '살림'을 보았거든요.
- **서울책터** '서울도서관'을 '서울책터'라 할 수 있습니다. '서울책누리'라 해도 돼요.
- **손바닥공원** 손바닥만큼 조그마한 공원이에요.
- **책집** 책이 있는 집이지요. '도서관'이나 '책방'도 '책집'이 되어요. 책이 많이 있는 살림집도 '책집'이라 할 수 있어요.
- **한마당** 어떤 것이 크게 이루어지거나, 어떤 것을 크게 이룰 만한 열린 자리를 가리켜요.

11. 이음고리가 되어 살가운 말

- **내리기** 누리그물(인터넷)에서 자료를 받으려고 하는 일을 가리켜요. '내려받기'라고도 해요.
- **누리그물** 우리가 쓰는 '인터넷'을 가리키는 이름이에요.
- **누리글** 인터넷에 마련한 우리 집, 이를테면 '누리집'이라는 '홈페이지'나 여러 게시판에 올리는 글을 가리켜 '누리글'이라고 해요.
- **누리날개** '페이스북'이나 '트위터'를 가리키는 이름이에요.
- **누리놀이** 누리그물을 켜고 즐기는 놀이예요. '인터넷 게임'을 가리키기도 합니다.
- **누리님** 누리그물을 즐기는 사람들을 '누리꾼'이라 하는데, 이 '누리그물 즐김이'를 살가이 가리키는 이름이 '누리님'입니다.

- **누리말** 누리그물에서 쓰는 말이지요.
- **누리집** '인터넷 홈페이지'가 바로 '누리집'이에요.
- **들어가기** 누리그물에서 어느 누리집에 들어가는 일을 가리켜요.
- **셈틀** '컴퓨터'를 가리키는 한국말이에요. '셈'은 "숫자를 세다"하고 "생각을 하다", 두 가지 뜻이 고루 있기에, 컴퓨터라고 하는 기계가 이진법 틀로 움직이되 새롭게 짜서 넣는 생각으로 여러 가지 일을 할 수 있다는 뜻을 살펴서 '셈틀'이라고 합니다.
- **열린터** 누리그물에서 누구나 들어가서 함께 이야기를 나눌 수 있는 자리, 그러니까 "열린 자리"를 가리켜요.
- **이웃되기** 누리그물을 하면서 서로 이웃이 되어 이야기를 가까이 주고받도록 하는 일이지요.
- **이음** 잇는 일을 가리켜요. 이어서 하나가 되도록 하는 일이지요. 이곳하고 저곳을 이으며, 너랑 나랑 이어요. 여러 가지를 하나로 이을 수도 있어요.
- **이음고리** 잇는 고리이기에 '이음고리'예요. 징검다리처럼 이곳하고 저곳을 잇는 고리라는 뜻이에요.
- **즐겨찾기** 누리그물을 할 적에 손쉽게 즐겨서 찾아가도록 하는 일을 가리켜요.
- **풀그림** "풀어내어 새로 짜거나 엮은 그림"인 '풀그림'은, 셈틀을 움직일 수 있는 밑틀이지요. 온갖 기호로 짜거나 엮은 이 '풀그림'은 셈틀뿐 아니라 우리 사회를 움직이는 밑틀을 가리킬 수 있어요.

12. 탈것을 누리며 마실하는 말

- **기차터** 기차를 타는 곳이 '기차터'예요.
- **나들목** 나가고 들어오는 목이라서 '나들목'이에요. 자동차가 나가고 들어오

도록 맞물린 자리가 '나들목'이고, 전철이나 지하철을 타려고 들어가고 나가는 곳을 가리키기도 해요. '지하철 출입구'가 바로 '지하철 나들목'이에요.

- **널방아** 긴 쇠막대 가운데를 고인 뒤에 두 끝자락에 설상을 날아 앉아서 쿵쿵 방아를 찧듯이 하는 놀이가 '널방아'예요. '시소'라고도 합니다.
- **두찻길** 찻길이 두 줄 있어서 '두찻길'이에요. 찻길 숫자에 따라 '세찻길'이나 '네찻길'이 될 수 있어요.
- **말타기** 들을 달리는 짐승인 말을 탈 적에 '말타기'예요. 말을 타듯이 사람 등을 탄다든지 막대기를 말로 삼아서 타며 논다고 할 적에도 '말타기'가 되고, 이때에는 '말놀음'이나 '말놀이'나 '말놀음질'이라고도 해요.
- **부름차** 전화로 부르면 오는 차예요. 택시를 '부름차'라고 할 수 있어요.
- **빠른길** 빨리 달릴 수 있는 길이에요. 빨리 달릴 수 있다고 해서 '지름길'이지는 않아요. 지름길은 '돌지 않고 질러서 가는 길'을 가리켜요. '빠른길'은 빨리 달릴 수 있는 길이고, '고속도로'를 가리키기도 해요.
- **사다리틀** 사다리처럼 생겨서 손으로 잡고 발로 디뎌서 올라가는 놀이틀이에요.
- **세발자전거** 바퀴가 셋이면 '세발자전거'예요. 바퀴가 넷이면 '네발자전거'입니다.
- **쇠돈** 쇠붙이로 지은 돈이에요. 종이로 지은 돈은 '종이돈'이고, 이를 한자말로 '지폐'라고도 해요. 쇠붙이로 지은 돈인 '쇠돈'은 한자말로 '동전'이라고도 합니다.
- **아기수레** 잘 걷지 못하는 아기를 태운 수레가 '아기수레'예요. 아기가 자라서 아장아장 걸을 수 있어도 다리가 아프면 이 아기수레에 타지요. '유모차'라고도 해요.
- **왼돌이** 왼쪽으로 돈다고 해서 '왼돌이'입니다.
- **이음목** 이곳하고 저곳을 잇거나, 이 길하고 저 길을 잇는 목이 '이음목'입니다.

- **짐차** 짐을 싣는 차이기에 '짐차'예요. '화물차'라고도 합니다.
- **짜다** 나무나 널을 써서 어떤 것을 마련할 적에 '짜다'라고 해요. 실이나 짚이나 끈으로 어떤 것을 마련하기도 하고, 모임이나 무리를 이루는 일도 '짜다'라고 하지요.
- **타는곳** 버스나 택시나 기차나 배를 타는 곳이기에 '타는곳'이에요. 전철도 '타는곳'이라 하지요. 그런데 어느 탈것이든 "타고 내리기"를 함께 하는데, '타고내리는곳'이라고 하기보다는 짤막하게 '타는곳'이라고만 해요. 따로 '내리는곳'이 있을 수도 있어요.
- **하늘길** 하늘에 난 길이에요. 비행기는 하늘을 날아요. 그러니 하늘길을 날지요. 새도 하늘길을 난다고 할 수 있어요.

13. 이름마다 서린 그윽한 말

- **마름** 옷이나 나무를 길이나 크기에 맞게 재거나 자르는 일을 가리켜요.
- **만들다** 요새는 '짓다'라고 해야 할 자리에 '만들다'를 잘못 쓰곤 하는데, 몸이나 연장을 써서 어떤 것을 이룬다고 할 적에 '만들다'를 써요.
- **빚다** 흙이나 가루로 어떤 것을 이룬다고 할 적에 '빚다'라는 낱말을 써요. '빚다'도 '짓다'처럼 새롭게 나타나도록 하는 자리에 쓰고, 글이나 이야기를 새로 내놓을 적에도 써요.
- **손질** 잘 쓸 수 있도록 손을 대어 만지는 일을 가리켜요.
- **알뜰살뜰** 일이나 살림을 마음을 크게 기울여 꾸리는 모습을 가리켜요.
- **짓다** 새롭게 나타나도록 하고, 이름을 처음으로 붙이고, 집이나 옷이나 밥을 마련하고, 흙을 가꾸어 먹을거리를 얻고, 이야기나 글이나 노래를 새로 쓰고, 얼굴이나 몸짓으로 마음을 드러내고, 줄을 이루고, 아픈 데를 다스리는

약을 마련하는 일들을 '짓다'라는 낱말로 가리켜요.
- **틀** '기계'를 가리킬 때에 '틀'이라는 낱말을 써요. 똑같이 찍거나 만드는 바탕이라고도 할 수 있어요.
- **품** 어떤 일을 하려고 들이는 힘을 가리켜요.

 14. 믿음을 보듬는 말

- **넋** 몸을 움직이고 마음을 기울이는 기운이에요.
- **님** 누구를 높이려는 뜻으로 이 말을 써요. 그리고 '님'은 우리를 둘러싼 모든 숨결이나 목숨을 가리키기도 해요.
- **뒷간신** 뒷간인 화장실을 지키는 분(신)을 가리켜요.
- **마음** 느낌과 생각이 있는 자리예요.
- **미덥다** "믿을 만하다"고 해서 '미덥다'라는 낱말을 써요.
- **부뚜막할매** 부엌을 지키는 분(신)을 가리켜요.
- **비손** 두 손을 비비면서 어떤 일이 이루어지기를 바랄 적에 '비손'이라고 말해요.
- **서낭** 땅과 집과 마을을 지켜 주는 분(신)을 가리키는 이름이에요.
- **숨결** 숨을 쉬며 몸을 살리는 기운이에요.
- **신₁** 바라던 대로 되거나 어떤 일을 할 적에 밝고 좋은 기운이 흐르는 마음이 되면 '신'이 난다고 해요.
- **신₂** '신'은 한국말로도 있고, 한자로 '神'으로 적는 낱말도 있어요. 한국말 '신'은 발에 꿰어 걷기 좋도록 하는 '신발'도 있고, 바람처럼 가볍고 싱그럽게 즐거운 기운을 가리키는 '신(신바람)'도 있어요. 한자 '神'은 '귀신'이나 '하느님'이라고도 하지요. 여느 자리에서는 사람이 마주할 수 없는 다른 곳에 있는

숨결이라고 할 만합니다. 온누리를 지은 바탕이라고 하지요. 이 '신·하느님'은 먼 곳이 아니라 우리 마음에 있다고도 이야기해요.

- **신명** 어떤 일에 끌리거나 빠져들면서 흐르는 밝고 좋은 기운을 가리켜 '신명'이라고 해요.
- **신바람** '신'보다 한결 밝으면서 좋은 기운을 '신바람'이라고 하지요.
- **얼** 마음에 깃드는 넋을 지키는 뼈대예요.
- **장승** 돌이나 나무로 깎아서 마을이나 길 어귀에 세운 것을 가리키는데, 길을 알려주기도 하고 마을을 지키는 일을 한다고 여겨요.
- **지킴이** 집이나 마을에 깃들면서 지켜 주는 숨결을 가리켜요. 요즈음은 어떤 곳이나 자리를 지키는 사람을 가리키면서도 써요.
- **터주님** 집터를 지키는 분(신)을 가리켜요.
- **풀집** 풀로 지붕을 이은 집을 '풀집'이라고 해요.
- **하느님** 하늘에 있는 분(신)을 가리키지요. '하늘+님'이기도 한데 '하늘'은 '한+울'이에요.
- **한울** '한+울'이 '한울'이지요. '한'은 '크다'나 '넓다'나 '하나'를 가리키고, '울'은 숫자로 '0'를 가리키는 한국말이에요. 그래서 '한울'은 아주 크고 넓고 하나인 곳이나 숨결을 가리키면서 써요. '하느님'이란 '한울님'하고 같은 말이기에 '하느님'이라고 할 적에 바로 이러한 뜻과 느낌을 모두 담지요.

15. 사랑으로 살뜰히 쓰다듬는 말

- **그리다** "보고 싶은 마음이 들다"를 가리켜요.
- **다짐글** 다짐하려고 새기는 글을 가리켜요.
- **반하다** "누구한테 마음이 크게 끌려서 움직이다"를 가리켜요.

- **사랑** "무척 곱고 크며 깊고 넓고 따스하게 여기다"를 가리켜요. 마음에 들거나 마음으로 기리지 않아요. 넓게 안으면서 따스하게 품는 마음이 '사랑'이에요.
- **온사랑** 사랑이 '오롯이' 있을 적에 '온사랑'이에요. "모든"을 뜻하는 '온'을 앞에 붙인 '온사랑'은 그야말로 크고 너르면서 따스한 기운이 가득 흐르는 가장 기쁜 사랑이라고 할 수 있어요.
- **이웃사랑** 이웃을 사랑하기에 '이웃사랑'이에요. 그래서 동무를 사랑하면 '동무사랑'이 되고, 숲을 사랑하면 '숲사랑'이 되며, 서울을 사랑하면 '서울사랑'이 되어요.
- **좋다** "마음에 들다"를 가리켜요. 이 뜻을 바탕으로 해서 "마음이나 느낌이 기쁘면서 넉넉하다"라든지 "마음결이 부드럽거나 곱다"라든지 "서로 잘 어울리면서 가깝다"라든지 "맛이 있다"라든지 "일을 하기 쉽다"라든지 "날씨가 맑으면서 고르다"라든지 "몸에 도움이 되다" 같은 느낌을 나타낼 적에도 써요.
- **좋아하다** "좋다는 느낌을 받다"를 가리켜요. 이 뜻을 바탕으로 "무엇을 즐겁게 하고 싶다"라든지 "가깝게 여기면서 잘 어울린다"라든지 "어떤 것을 더 잘 먹는다"라든지 "기쁨을 밖으로 나타내다" 같은 느낌을 나타낼 적에도 써요.
- **풋사랑** 아직 어리거나 들뜬 사랑을 가리켜요. 깊이나 너비나 따스함이 제대로 무르익지 못한 사랑이에요.
- **학급다짐** 학급에서 마음이나 뜻을 세워서 지키거나 되새기려고 하는 말을 가리켜요.
- **한사랑** '한(하나)+사랑' 얼거리로 '한사랑'이에요. 하나인 사랑이 될 수 있고, 너르거나 큰 사랑이 될 수 있어요. '한(하나)'을 어떻게 읽느냐에 따라 '한사랑' 뜻이 새로워요.
- **한집살이** 한집에서 이루는 삶을 가리켜요. 여러 사람이 한 집안을 이루면서 살 적을 가리켜요.

- **홀리다** "마음이 끌린다기보다 어떤 꼬임이나 흐름에 빠져서 마음을 제대로 차리지 못하다"를 가리켜요.

16. 살림을 알차게 건사하는 말

- **건사하다** 나한테 있는 것을 잘 둔다든지, 어떤 물건이나 사람을 잘 맡거나 돌보는 일을 가리켜요.
- **곁살이** 살림을 따로 나지 않고 곁에서 함께 살림을 지낼 적에 '곁살이'라고 해요.
- **나라살림** 한 나라가 꾸리는 살림을 가리켜요. 한 집안이 꾸리는 살림은 '집살림'이지요. 학급에서는 '학급살림'을 꾸리고, 학교에서는 '학교살림'을 꾸려요. 마을에서는 '마을살림'이 되고, 모임에서는 '모임살림'이 되지요.
- **말솜씨꾼** 말을 솜씨가 있게 잘하는 사람을 가리켜요.
- **반짇고리** '바느질고리'를 가리키는 이름으로, 바늘하고 실하고 골무하고 헝겊을 가지런히 담은 그릇을 가리켜요.
- **살림꽃** 살림을 아기자기하거나 알뜰살뜰하게 잘 꾸리는 모습을 빗대어 곱게 나타내려고 하는 말이에요. '살림나무'나 '살림빛' 같은 말도 쓸 만해요.
- **살림꾼** 살림을 아기자기하거나 알뜰살뜰하게 잘 꾸리는 사람이에요.
- **살림짓기** 살림을 짓는 일을 가리키지요. 집이나 마을이나 나라를 꾸리는 사람이 여러모로 마음과 생각을 기울여서 살림을 짓는 모습을 가리켜요.
- **세간** 집안을 꾸리면서 쓰는 여러 가지를 가리키는 말이에요. 온갖 살림살이를 '세간'이라 해요.
- **옷밥집** 살림을 짓는 바탕인 '옷'하고 '밥'하고 '집'을 아우르는 낱말이에요. '집밥옷'이나 '밥옷집'이나 '밥집옷'처럼 앞뒤를 바꾸어서 쓸 수도 있어요. 한자

말로는 '의식주'라고도 해요.
- **상이** 어떤 일을 훌륭히 잘하는 사람을 가리켜요. '전문가'나 '장인'이라고 할 수 있어요.
- **쟁이** 어떤 일을 아직 훌륭히 잘하지는 못하지만 어떤 일을 좋아하는 사람을 가리켜요. 영어로 '아마추어'라고 할 수 있어요.
- **즐김이** 어떤 일을 즐기는 사람을 가리켜요. 잘하거나 못하거나 훌륭히 하거나 어리숙하게 하는 모습은 따지지 않아요. 훌륭히 잘해내는 즐김이도 있고, 아직 어설픈 즐김이도 있어요. 즐김이는 그저 모두 즐김이예요.

17. 텃밭에서 꿈꾸는 말

- **골목밭** 골목에 있는 밭이지요. 골목마을 한쪽에 있는 작은 밭을 가리켜요.
- **그릇밭** 그릇으로 일구는 밭이에요. 도시에서는 밭으로 삼을 땅이 모자라기에, 옥상이나 툇마루 같은 자리에 그릇을 놓고 흙을 부어서 씨앗을 심는 '그릇밭'을 짓기도 해요.
- **글놀림** '손놀림'이나 '발놀림'이라는 낱말처럼, 글을 이리저리 살피면서 가다듬는 모습을 가리켜요.
- **기쁨걷이** 가을걷이를 하듯이 서로 어우러지면서 일을 기쁘게 할 적에 다 함께 기쁨을 누린다는 뜻으로 쓰는 말이에요.
- **나눔밥** 잔치를 열듯이 이웃이나 동무가 서로 모여서 밥을 나누는 일을 가리켜요. 함께 즐기거나 누리는 밥이에요.
- **놀이판** 놀이가 어우러지는 자리를 가리켜요. '놀이판'이라고 할 적에는 '놀이마당'하고도 비슷한데 놀이로 즐겁거나 신나게 이루는 자리를 가리키지요.
- **마음밭** 마음을 밭에 빗대는 낱말이에요. 밭은 우리가 씨앗을 심어서 가꾸는

땅이에요. '마음밭'은 우리가 밭에 씨앗을 심어서 가꾸듯, 생각을 심어서 가꾸는 마음자리를 나타냅니다.

- **마음씨** 말을 어떻게 하느냐 하는 모습을 두고 '말씨'라고 해요. '마음씨'란 마음을 어떻게 쓰느냐 하는 모습을 가리키는 낱말이에요.
- **봄걷이** 가을에 걷어 '가을걷이'요, 봄에 걷어 '봄걷이'예요. 마늘이나 보리나 밀이나 양파는 봄에 걷어요. 그래서 이런 봄철 시골살림을 '봄걷이'라고 해요.
- **일놀림** 일을 이리저리 살피거나 헤아리면서 잘 가다듬는 모습을 가리켜요.
- **철새** 철을 살펴서 이 땅에 찾아왔다가 떠나는 새를 가리켜요.
- **터** "집을 지을 자리"를 가리키기도 하고, "어떤 일을 하는 바탕"을 가리키기도 해요.
- **터앝** 집 안에 있는 작은 밭을 따로 가리키는 이름이에요.
- **텃마당** 열매를 털려고 함께 쓰는 너른 마당을 '텃마당'이라고 해요. '텃힘'을 부리지 않고 서로 돕고 어우러지는 자리가 바로 '텃마당'이라고 할 수 있어요.
- **텃새** 우리 곁에 늘 있는 새를 가리켜요.
- **텃힘** 먼저 어느 터에 깃들이거나 먼저 어느 일을 하던 사람이 이 터에 새로 찾아오는 사람을 괴롭히거나 우쭐거리는 몸짓을 가리켜요. '텃세'라고도 해요.
- **한마당** 넓게 펼친 마당이거나, 크게 어우러질 수 있는 마당이라는 뜻이에요.
- **한판** "한 번 벌이는 판"이나 "크게 벌이는 판"을 가리켜요.

18. 길을 거닐며 떠올리는 말

- **거님길** 거니는 길이지요. 이 길은 사람만 오갈 수 있어요. 북녘에서는 '걷늠길'이라는 말도 함께 써요.

- **글길** 글을 쓸 적에 나타나는 길이에요. 글이 나아가는 길을 가리키기도 해요. 글을 쓰는 길을 가리키기도 하고요.
- **길바늘** 길이 어느 쪽인지를 알려주는 바늘이에요. '나침반'이라고도 해요.
- **길벗** 길을 함께 가는 벗이에요. 어느 길을 함께 가는 벗이기도 하고, 어떤 뜻을 함께 품고서 일하는 벗이기도 해요.
- **길손집** 길손이 머무는 집을 가리켜요. '여관'이나 '숙소'나 '게스트하우스' 같은 곳이지요.
- **느린걸음** 살짝 가다가 쉬고, 또 조금 가다가 쉬는 걸음이에요. 빨리 가려고 하지 않는 걸음이지요.
- **다리를 놓는다** 이쪽과 저쪽을 잇는다고 하는 말인데, 둘이나 여럿 사이가 이어지도록 하는 일이나 몸짓도 가리켜요.
- **둘레길** 둘레를 걷는 길을 가리켜요. 지리산이나 북한산 같은 곳을 빙 둘러서 걷는 길을 가리키기도 하고, 골목이나 마을을 찬찬히 걷는 길을 가리키기도 해요.
- **마실가다** 가까운 곳으로 찾아가는 일을 가리켜요.
- **마음길** 마음이 걷는 길이에요. 마음이 흐르는 길이기도 하고요.
- **바깥바람** 바깥에서 불거나 흐르는 바람이 '바깥바람'인데, 내가 있는 이곳에서 멀리 떨어진 다르거나 새로운 곳을 빗댈 적에도 써요.
- **징검돌** 징검다리를 놓으려고 사이에 놓는 돌이 '징검돌'이에요. 그러니까 이쪽과 저쪽을 잇는 작은 것 하나가 바로 '징검돌'이지요.

19. 어른으로 자라는 옹근 말

- **겉치레** 겉으로 보기에 좋게 꾸미거나 드러내는 모습을 가리키지요.

- **꾀쟁이** 꾀가 많은 사람을 가리키는 이름이고, '꾀보'나 '꾀꾼'이라고도 해요.
- **너그럽다** 마음이나 품이나 자리가 큰 모습을 가리켜요.
- **높임말** 높이면서 쓰는 말이에요.
- **다소곳하다** 조용하고 따스하며 차분하고 바른 마음을 가리켜요.
- **셈** "숫자를 세는 일"이나 "생각을 하는 일"이나 "옳고 그름을 가릴 줄 아는 마음"을 두루 가리켜요.
- **아낌말** 아끼면서 쓰는 말이에요. '높임말'은 높이려는 뜻이라면, '아낌말'은 서로 아끼려는 마음으로 쓰는 말이라고 할 수 있어요.
- **아이** 어린 사람을 가리키지요. 그리고 이 어린 사람은 "즐겁고 신나며 바지런히 배우는 숨결"이에요.
- **애늙은이** 틀림없이 아이인데 늙은이 같다고 할 적에 이 말을 써요. 몸짓이나 생각이 모두 나이가 든 사람처럼 구는 아이를 가리킬 적에 써요.
- **어른** 철이 들어서 일이나 생각을 슬기롭게 다스릴 줄 아는 사람을 가리켜요. 그리고 이 어른은 "즐겁고 신나며 바지런히 배워서 자란 뒤, 철과 셈과 슬기가 들어서, 이 철과 셈과 슬기로 살림을 짓고, 아이한테 철과 셈과 슬기로 살림을 짓는 길을 가르치면서 새롭게 익히는 숨결"이기도 하고요.
- **어른스럽다** 아직 어른이 아니지만 어른과 같은 모습이 드러날 적에 '어른스럽다'라는 말을 써요. 그러니까 아직 아이인 사람이 제법 철이나 셈이나 슬기가 들어서 똑똑하게 일을 할 줄 알거나 말을 할 줄 알 때에 쓰는 말이에요.
- **어버이** 아이를 낳은 어머니하고 아버지를 둘 모두 가리키거나 어느 한쪽을 가리키는 이름이에요. 그리고 어른 노릇을 하면서 아이를 낳아 돌보는 사람일 때에 참다운 '어버이'예요.
- **오롯하다** 처음 그대로 알차게 있는 모습을 가리켜요.
- **옹글다** 어느 한 군데도 쪼개지거나 다치지 않고 처음 그대로 있는 것이나 매우 알찬 것을 가리켜요.
- **주먹다짐** 주먹으로 때리는 짓이나 함부로 윽박지르는 짓을 가리켜요.

- **차린옷** 잘 갖추어서 입은 옷을 가리켜요.
- **철** 한 해에서 날씨가 크게 달라지는 때를 넷으로 갈라요. 봄 여름 가을 겨울, 이렇게 네 철이 있어요. 이러한 철은 예부터 시골에서 흙을 만지는 살림을 가르는 잣대가 되곤 했어요. 이러한 철을 제대로 살펴야 흙을 가꾸어 먹을거리를 얻기에, 철을 제대로 알아야 한다고 했으며, 철을 제대로 알 적에 슬기롭거나 어른스럽다고 합니다.
- **철모름쟁이(철부지)** 철이 들지 않거나 철을 아직 모르는 사람을 가리켜요.
- **철살림** 철을 헤아리거나 살피는 살림을 가리켜요.

20. 책상맡에서 생각에 잠기는 말

- **걸음쇠** 한 다리를 한곳에 두고 다른 한 다리를 펼쳐서 걸음을 걷듯이 움직이면서 동그라미나 둥그런 금을 그릴 적에 써요. '컴퍼스'라고 하기도 해요.
- **그림가방** 그림을 그릴 적에 쓰는 연장을 담은 가방이에요.
- **글연장** 글을 쓸 적에 곁에 두는 여러 가지를 가리켜요. '문방구'라고도 할 수 있어요.
- **네글벗** 글연장 가운데 가장 자주 쓰는 네 가지를 따로 일컬어요. 한자말로는 '문방사우'라고도 하는데, 옛날에는 종이랑 붓이랑 먹이랑 벼루, 네 가지를 가리켰어요. 오늘날에는 새롭게 네 가지를 아우를 수 있어요.
- **두레상** 여러 사람이 둘러앉을 수 있는 큰 상이에요.
- **모둠상** 모둠을 지은 상을 가리켜요. 학급에서는 모둠을 짓는데, 모둠을 이룬 사람들이 책상을 마주 놓거나 붙일 적에 커다랗게 되지요. 이러한 모습을 '모둠상'이라 할 수 있습니다.
- **몽당비** 오래 써서 끝이 닳아 몽톡하게 된 비(빗자루)를 가리켜요.

- **무늬자** 무늬를 그릴 수 있도록 마련한 자예요. 자 몸통이나 테두리에 '그릴 무늬'를 미리 새겨 놓지요.
- **바퀴가방** 바퀴를 단 가방이에요. 가방에 바퀴가 달렸으니 길에 돌돌돌 굴리면서 갖고 다니지요.
- **배울거리** 배우도록 해 주는 것을 가리켜요.
- **배움자리** 배우는 자리이기에 '배움자리'입니다. 배움자리는 학교뿐 아니라 어느 곳이나 다 될 수 있어요. 내가 스스로 배우는구나 하고 느낀다면 어느 곳이든 '배움자리'라고 여겨요.
- **빵상** 책을 놓아 '책상'이듯이, 빵을 놓은 '빵상'이에요.
- **앉은뱅이책상** 바닥에 놓아서 걸상에 앉지 않고도 쓸 수 있도록 마련한 낮은 책상을 가리켜요.
- **연필주머니** 연필을 담는 주머니이지요.
- **ㅜ자** 'ㅜ' 꼴로 생긴 자예요. 영어로 'T'를 빌려서 'T자'라고 하기도 해요.
- **잔글붓** 작은 글씨를 쓰는 붓을 가리켜요.
- **집 배움** 학교가 아닌 집에서 배우기에 "집 배움"이에요.
- **책걸상** 책상하고 걸상을 아울러서 가리키는 이름이에요.
- **책상물림** 책상맡에서만 배우는 사람을 가리켜요. 책상맡에서 책이나 글만 읽기 때문에 책상맡을 떠나면 아무것도 모르거나 제대로 헤아리지 못하는 사람을 가리키지요.
- **책시렁** '시렁'은 짐을 얹으려고 옛날 집에서 방이나 마루에 긴 나무를 둘 가로질러서 짠 자리를 가리켜요. 오늘날에는 이런 시렁을 고스란히 따라서 버스나 기차나 전철에 '짐시렁'을 마련하기도 하지요. 책을 얹는 시렁이라면 '책시렁'이 되어요.
- **콩주머니** 콩을 담은 주머니예요. 그런데 아직 일본말 '오재미'나 '오자미'를 쓰는 어른이 꽤 많아요.

21. 놀이터에서 튀어오르는 말

- **겨루다** 서로 이기려고 맞붙는 일을 가리켜요. 이기거나 지는 자리를 가르려고 하는 몸짓이지요.
- **고샅** 집과 집을 잇는 작은 길이에요. 도시에서는 흔히 '골목'이라 하지요. 시골에서는 흔히 '고샅'이라고 해요
- **공놀이터** 공놀이를 할 수 있는 터를 가리켜요. 축구장이나 야구장이나 농구장이나 배구장처럼 공으로 어떤 놀이나 운동을 한다면 모두 '공놀이터'가 돼요.
- **깍두기** "무를 작고 네모나게 썰어서 소금에 절이고 양념을 한 김치"를 가리키는데, "놀이나 일에서 어느 쪽에도 못 낀 사람"을 가리키는 자리에서도 써요. 그런데 놀이에서는 "어느 쪽이든 마음대로 끼면서 함께 노는 아이"를 가리키기도 하지요. 어리거나 여려서 놀이가 서툰 아이가 있을 적에는 '깍두기'를 시켜서 '죽지 않고 마음껏 하도'록 해 주어요. 이렇게 하면서 다 같이 즐겁게 놀려는 뜻이랍니다.
- **깨끔발** 한 발은 들고 한 발로만 뛰는 몸짓을 가리켜요. '앙감발'이라고도 해요.
- **다투다** 이기느냐 지느냐를 따지는 일을 가리키고, 서로 생각이나 뜻이 달라서 맞붙는 일을 가리키기도 해요.
- **도움주기** 도움을 주는 일이지요. 운동경기를 할 적에 나하고 같은 쪽에서 뛰는 다른 사람이 공을 넣도록 돕는 일을 가리켜요.
- **소꿉** 어른은 '살림'을 하고, 아이는 어른 곁에서 살림을 흉내내는 '소꿉'을 해요. 조그마한 놀잇감이나 그릇으로 살림놀이를 하는 모습을 가리켜요.
- **손바닥놀이터** 조그마한 놀이터예요. 손바닥만큼 조그맣다는 뜻이에요.
- **추임새** 판소리에서 가락을 맞추려고 북을 치는 사람이 노랫소리 사이사이에 신이 나도록 북돋우려고 넣는 소리를 가리켜요. '좋아'나 '얼씨구' 같은 말인데, 이처럼 신나게 북돋우는 어떤 소리나 몸짓을 빗대는 자리에서도 써요.

이를테면 '응원'이 바로 '추임새'랍니다.

- **팔씨름** 팔심이 얼마나 센가 하고 겨루는 일을 가리켜요. 팔로 하는 씨름이라는 뜻이에요.
- **한 번 더** 노래를 부른 사람이 몹시 훌륭하거나 아름답거나 사랑스럽게 불렀기에 다시 듣고 싶어서 외치는 말이에요. "두 번 더"나 "세 번 더"라고 외치면서 더 신바람을 낼 수 있어요.
- **홀가분하다** "산뜻하면서 밝다"나 "어수선하거나 귀찮을 일이 없다"를 가리켜요.

22. 건널목에서 기다리는 말

- **걸상띠** 걸상에서 매는 띠예요. 자동차를 타면 어깨에서 옆구리 쪽으로 가로질러서 매지요. 이를 '안전띠'나 '몸띠'라고도 해요.
- **고샅길** 시골 마을에서 집하고 집 사이를 잇는 길이나 좁은 골짜기 사이에 난 길을 가리켜요.
- **구름다리** 길이나 골짜기를 건너지를 수 있도록 하늘에 띄운 다리를 가리켜요. 한자말로 '육교'나 '운교'라고도 해요.
- **기름집** 자동차에 넣는 기름을 파는 가게를 가리켜요.
- **달림판** 자동차가 앞으로 달릴 수 있도록 밟는 판이지요. '액셀'이나 '액셀러레이터'를 가리켜요.
- **도랑길** 도랑을 따라 난 길이에요. '도랑'은 좁으며 작은 개울이지요. '개울'은 골짜기나 들에 흐르는 작은 물줄기를 가리켜요.
- **뒷등** 자동차나 자전거 뒤에 다는 등을 가리켜요.
- **땅밑길** 땅밑으로 낸 길을 가리켜요. '지하도'를 가리키기도 하지요.

- **빗물닦이** 자동차 앞유리에서 빗물을 닦는 연장이에요.
- **손잡이** 자전거나 오토바이를 달리려면 손으로 잡는 것이 있습니다. 바로 이것이 '손잡이'예요. 흔히로 '핸들'이라고도 해요.
- **아기걸상** 자동차를 탈 적에 아기는 띠를 두르기 어려워요. 그래서 따로 아기는 걸상에 앉혀요.
- **어린이길** 어린이가 마음 놓고 다닐 수 있는 길이에요. 학교 둘레에 있는 '어린이 보호구역'이 바로 '어린이길'입니다.
- **에움길** 굽은 길이라든지, 빙 돌아서 가는 길을 가리켜요. '에우다'에서 비롯한 말이에요. 빙 돌아서 가니까 굽은 길을 가리키지요.
- **옆거울** 옆을 보는 거울이에요. 자동차나 자전거를 달리면서 늘 앞만 보아야 하기 때문에, 눈짓으로 옆거울을 보며 옆이나 뒤를 살펴요.
- **차댐터** 차를 대는 곳을 가리키지요. '주차장'이라는 한자말도 쓰는데, 북녘에서는 '차마당'이라는 낱말을 써요.
- **차덮개** 차를 덮는 것을 가리켜요. 자동차를 달리지 않고 세울 적에 먼지나 빗물이 닿지 않도록 덮는 것이지요.
- **햇볕차** 기름을 넣지 않고 햇볕힘으로 달릴 수 있는 자동차예요.

23. 힘이 나는 놀라운 말

- **먹통** '멍청이'하고 비슷하게 쓰는 낱말이에요. 생각을 제대로 하지 못하거나 느린 사람을 가리키면서 쓰는데, 어떤 일이나 물건이 제대로 움직이지 않거나 멎을 적에 "먹통이 된다"고 하지요.
- **무시무시하다** 몹시 무섭다고 할 적에 '무시무시하다'고 해요.
- **물결힘(너울힘)** 물결이 치면서 내는 힘이에요. 바람이 늘 흐르듯이 물결도 늘

일거나 쳐요. 이 물결로 얻는 물결힘도 깨끗한 힘이에요. '너울'은 크고 사나운 물결을 가리키니, 너울힘은 물결힘보다 더 크다고 할 만합니다.

- **바람힘** 바람으로 내는 힘이에요. 바람이 늘 불지요? 늘 불거나 흐르는 바람을 우리가 마실 적에는 '숨'이 되고, 이 바람이 지구를 감싸면서 '하늘'이 돼요. 햇볕과 함께 깨끗하게 얻어서 쓰는 힘이 바람힘입니다.
- **별빛** 별이 내는 빛이에요. 별이 반짝이는 빛이라고 할 수도 있어요.
- **손놀림** 손을 움직이는 일을 가리키지요. 발을 움직이는 일이라면 '발놀림'이에요. 손을 움직이는 모습은 '손짓'이에요. 발을 움직이는 모습이라면 '발짓'이 되겠지요.
- **손힘** 손으로 내는 힘이에요. 손으로 무엇을 들거나 밀거나 당기거나 쥐거나 펼 적에 쓰는 힘입니다.
- **쓰레기** 비로 쓴 먼지를 가리키는데, 이 뜻하고 쓰임새가 넓어지면서 '못 써서 내다 버릴' 것을 가리키는 자리에도 써요. 사람을 가리키는 자리에서도 쓰는데, 착하거나 참된 마음을 잃은 사람을 '쓰레기'라는 낱말을 빌려서 나무라곤 합니다.
- **어림없다** '어림'이 없다는 말인데, '어림'은 어느 것에 가깝게 헤아리는 일을 가리켜요. 크기나 부피나 숫자가 무척 많거나 커서 어림을 할 수 없기에 '어림없다'인데, 도무지 될 수 없다고 할 적에도 이 낱말을 씁니다.
- **옴짝달싹하다** 몸을 아주 살짝 움직일 적에 '옴짝달싹하다'라는 말을 써요. '옴짝하다+달싹하다'예요. '옴짝하다'는 어느 곳이 안으로 들어가거나 펴지면서 살짝 한 번 움직이는 모습을 가리키고, '달싹하다'는 어깨나 입술이나 몸이나 어떤 물건이 가볍게 한 번 들리는 모습을 가리킵니다.
- **이웃나라** 이웃에 있는 나라예요. 이웃에 있으니 이웃나라인데, 이웃에 있으면서 동무처럼 사귀는 나라라면 '동무나라'입니다.
- **자루** 물건을 담으려고 헝겊이나 천으로 짜거나 엮은 주머니를 가리킵니다.
- **전기힘** 전기로 내는 힘이에요. 한자말로는 '전력'처럼 쓰기도 해요. 우리 둘

레에는 이 전기힘으로 움직이는 물건이나 기계가 많아요.
- **톨** 씨앗을 세는 이름이에요. 쌀이나 콩이나 팥을 셀 적에 이 이름을 써요.
- **풀내음** 풀에서 나는 냄새이기에 풀내음이에요. '풀내'나 '풀냄새'라고도 할 수 있습니다. 꽃에서는 '꽃내음'이고, 물에서는 '물내음'이며, 바람에서는 '바람내음'입니다.
- **햇볕힘** 햇볕으로 내는 힘이에요. '태양에너지' 같은 말을 쓰기도 하지요. 햇볕으로 내는 힘은 아무런 쓰레기가 나오지 않고 얼마든지 아름답게 쓸 수 있어요.

24. 곳마다 꽃으로 거듭나는 말

- **곳** 우리는 '때'하고 '곳', 두 가지를 바라봅니다. 하루 내내 '때'가 흐르고, 우리 몸은 늘 어느 '곳'에 머물면서 살아요. '때'나 '곳'은 두 가지 흐름을 나타내는 낱말입니다. '곳'하고 비슷하게 '자리'라는 낱말이 있어요. '일자리'나 '자릿수' 같은 말마디에서는 '자리'만 쓰지만, "마을이 있던 곳/자리"나 "다친 곳/자리"나 "빈 곳/자리"나 "쉴 만한 곳/자리"처럼 '곳'하고 '자리'는 비슷하게 어울립니다. 그리고 "조용한 곳/자리"나 "따뜻한 곳/자리"나 "내가 가는 곳/자리"처럼 비슷하게 어울리기도 하는데, "그 숲은 간곳없이 사라졌다"나 "내 마음 깊은 곳에 있는 꿈" 같은 말마디에서는 '곳'만 씁니다. '곳'은 눈으로 보거나 몸으로 느낄 수 있을 뿐 아니라, 눈으로 볼 수 없거나 몸으로 느낄 수 없는 흐름까지 아울러 밝히면서 씁니다. '자리'는 눈으로 볼 수 있거나 몸으로 느낄 수 있는 흐름을 더 밝히면서 쓴다고 할 만합니다. '마음곳·꿈곳'처럼 말하지는 않으나 '마음자리·꿈자리'처럼 말합니다.
- **곳곳** 여러 곳을 가리키며 '곳곳'이라고 해요.

- **기와** 흙을 구워서 빚는 넓고 얇은 것을 가리켜요. 집을 지으면서 지붕을 이는 데에 써요. 기와를 지붕에 얹어서 비를 가리지요.
- **김칫독** 김치를 담는 독을 가리켜요. 고추장이나 된장이나 간장을 담으면 '장독'이고, 물을 담으면 '물독'이에요. 술을 담아 '술독'이고, 쌀을 담아 '쌀독'입니다.
- **나라말** 어느 한 나라에서 쓰는 말을 가리킵니다.
- **되쓰다** 한 번 쓴 것을 다시 쓰기에 '되쓰다'예요. 한자말로는 '재활용'이라고도 합니다.
- **보시기** 김치나 깍두기를 담는 그릇이에요. 국그릇보다 작아요.
- **새로짓기** 새롭게 짓는 일을 가리켜요. 아직 없어서 처음으로 짓기에 '새로짓기'가 되고, 둘레에 흔히 있지만 한결 낫거나 남다르게 가꾸려는 몸짓으로 지을 적에도 '새로짓기'가 되어요.
- **숲정이** 마을 가까이에 있거나 마을에 딸린 숲을 가리키는 이름이에요.
- **시멘트집** 흙으로 지은 집은 흙집이에요. 시멘트로 지은 집이니 시멘트집입니다.
- **아기수레** 아기가 타는 수레예요. 이를 '유모차'라고도 해요.
- **일다** 없다가 나타나기에 '일다'라고 해요. 바람이나 물결이 처음에 없다가 비로소 나타나면 "바람이 일다"나 "물결이 일다"라 하지요. 여린 것이 드세거나 세차게 바뀔 적에도 '일다'를 써요. "불꽃처럼 일다"라든지 "하겠다는 마음이 일다"처럼 씁니다. 부피가 커지거나 위로 오르는 모습을 가리키는 자리에서도 쓰는데 "보풀이 일다"나 "거품이 일다"처럼 씁니다.
- **자투리땅** 천을 쓰거나 다루고서 남은 조각을 '자투리'라고 해요. '자투리땅'은 집을 짓거나 길을 내면서 남는 땅을 가리킨다고 할 수 있습니다.
- **종지** 간장이나 고추장이나 젓갈을 담으려고 쓰는 작은 그릇을 가리켜요.
- **질그릇** 진흙을 구워서 빚은 그릇을 '질그릇'이라고 해요.
- **집집** "여러 집"이나 "모든 집"을 가리켜요.

- **처네** 이불 밑에 덧덮는 얇고 작은 이불을 가리키는데, 아기를 업으려고 두르는 너른 천을 가리키기도 해요. 처네에는 끈이 달려서 아기를 업은 뒤에 여밉니다.
- **포대기** 아기가 쓰는 작은 이불을 가리켜요. 아기가 쓰는 작은 이불로는 아기를 업을 적에도 쓰지요. 포대기에는 처네와 달리 끈이 달리지 않습니다.
- **하늘마을** 하늘 같은 마을을 가리켜요. 하늘나라에 있는 마을을 가리킨다고 할 수 있어요. 파란 하늘처럼 싱그럽거나 맑은 마을을 가리킬 수 있고, 이 기운처럼 즐겁고 아름다운 마을을 가리킬 수 있습니다.
- **하늘숨** 우리는 늘 숨을 쉽니다. 그런데 이 숨이란 우리 둘레를 늘 흐르는 바람이고, 이 바람은 늘 하늘을 이루어요. 그래서 숨을 쉰다고 할 적에는 바람을 마신다고 할 만하고, 하늘을 마신다고도 할 만해요. '하늘숨'이란 이 얼거리를 헤아리면서 "그냥 숨"이 아닌 "온누리를 마시는 숨"이라는 뜻을 빗대어 나타냅니다.

붙임말 2

인터넷에서 쓰는 말
손질해 보기

- 검색 · find → 찾기 · 찾아보기
- 공감 · 추천 · good · like → 좋아요
- 공지 · notice → 알림
- 관련 사이트 · 패밀리 사이트(family site) → 이웃 누리집 · 이웃집
- 네티즌 → 누리꾼 · 누리님
- 다운로드 → 내리기 · 내려받기 · 받기
- 로그아웃 → 나가기
- 로그인 → 들어가기
- 리프레시 → 새로고침 · 새로보기
- 리플 · 리플라이 · re · comment → 댓글 · 덧글
- 마이 페이지(my page) → 내 방 · 내 자리 · 내 정보
- 목록 · list → 글보기 · 벼리
- 방문자 · visit → 찾은이
- 배경음악 · BGM → 바탕노래 · 밑노래
- 블로그 → 누리사랑방
- 사이트맵(sitemap) → 누리지도 · 누리그림 · 누리집그림

- 삭제 · del · delete → 지우기
- 샘플(sample) → 비리보기 맛보기 · 미리듣기
- 스타일 → 글꼴
- 스티커 → 누리꽃
- 아고라 · 광장 → 열린터 · 열린누리
- 아이콘 → 누리단추 · 그림단추 · 단추
- 약도 · map · visitor's info → 오시는길 · 찾아오는길 · 찾아오기 · 길그림
- 업데이트 → 새로바꿈 · 거듭나기
- 업로드 → 올리기
- 연혁 · history → 발자국 · 발자취 · 걸어온 길
- 월페이퍼 → 바탕그림 · 바탕화면 · 밑그림
- 이동 · go → 바로가기 · 가기
- 이메일 → 누리편지 · 누리글월
- 인터넷 → 누리그물
- 인터넷 게시글 → 누리글
- 인터넷 게임 → 누리놀이
- 인터넷 공간 → 누리터
- 인터넷 까페 · 인터넷 동호회 → 누리모임 · 누리동아리
- 인터넷 까페 관리자 → 누리지기
- 인터넷 생활 → 누리살이
- 인터넷 세상 → 누리나라
- 인터넷 신문 → 누리신문
- 인터넷 용어 → 누리말
- 인터넷 정신 → 누리넋
- 인터넷 친구 → 누리동무 · 누리벗 · 누리이웃

- 자세히 · more → 더보기 · 더
- 작성 · write → 글쓰기 · 쓰기
- 저장 · save → 담기
- 전송 · 발송 → 보내기
- 전체보기 → 모두보기 · 다보기
- 정지 · 포즈(pause) → 멈춤
- 청소 · clear → 비움 · 비우기
- 추가 · plus → 더하기
- 축소 → 작게보기 · 작게
- 카테고리 → 갈래
- 캡처 → 갈무리
- 컴퓨터 → 셈틀 · 생각틀 · 슬기틀
- 팔로우 → 이웃되기 · 동무되기 · 친구 추가
- 팔로워 → 즐김이 · 곁사람 · 따름이
- 팔로잉 → 이웃 · 동무 · 친구
- 팝업 · 팝업창 → 알림창 · 광고창
- 패스워드 → 열쇠 · 열쇠말 · 비밀번호
- 퍼스나콘 → 누리얼굴 · 누리낯 · 누리그림
- 페이스북 · 트위터 → 누리날개 · 누리나래
- 프로그램 → 풀그림
- 프린트(print) → 찍기 · 인쇄
- 홈페이지 → 누리집
- 확대 → 크게보기 · 크게
- about us → 인사말 · 소개 · 우리는 · 나는
- back → 앞글 · 앞으로 · 이전 글

- board → 글터 · 글마당 · 게시판
- close → 닫기 · 그만보기
- contact · contact us → 편지쓰기 · 연락하기
- copy → 베끼기 · 복사
- FAQ → 자주 묻는 말
- favorite → 즐겨찾기
- help → 도움말 · 길라잡이
- home · main → 처음으로 · 처음 · 첫 화면
- new → 새 · 새 글
- next → 뒷글 · 뒤로 · 다음 글
- open → 열기
- Q&A → 묻고 알려주기
- tel → 전화 · 따르릉
- today → 오늘
- top → 위로 · 맨위로 · 맨위
- total → 모두